D1729505

ISBN: 978-3-00-030986-1

Peter van Veen

Die Techniken des goldenen Löwen

Kundalini – drittes Auge – Stein der Weisen – Einweihung

Für Michael

Inhaltsverzeichnis

Vorwort

In diesem Buch beschreibe ich die Stufen des hermetischen Weges. Außer theoretischen Teilen enthält es verschiedene Techniken, die sofort angewandt werden können. Diese Übungen führen zu Klarträumen, zur Wahrnehmung feinstofflicher Energien, zum Eintritt in das Unterbewusstsein und zu weiteren spirituellen Phänomenen. Jeder, der die Techniken anwenden möchte, sollte deshalb über psychische Stabilität verfügen und ein gesundes Interesse am Alltagsleben haben.

Die hier beschriebene Methode kann nicht durch das einmalige Lesen des vorliegenden Werkes verstanden werden. Nur ein regelmäßiges Arbeiten mit verschiedenen Übungen und eine Verinnerlichung des Textes führen zum »Durchblick«. Arbeite nicht mit allen Übungen gleichzeitig.

An dieser Stelle danke ich all jenen, die zum Entstehen dieses Buches beigetragen haben: den vielen Menschen, die mir durch Informationen und Ratschläge geholfen haben, den Buchautoren, deren Ideen und Darlegungen ich verarbeitet habe, und meiner Familie, die auf eine Menge gemeinsame Zeit verzichten musste. Dank geht auch an Guido Funke vom Lektorat Funke, der dem Inhalt dieses Buches eine korrekte und angenehme Form gegeben hat. Sehr großer Dank gilt dem Inder im orangefarbenen Gewand, dem ich 1976 in Indien begegnet bin und der mir die fünf Worte gegeben hat, die das Leben eines Menschen verwandeln können.

Vorgeschichte

Als zweites von vier Kindern wurde ich 1951 in den Niederlanden geboren, wo ich auch meine Jugend verbrachte. Obwohl ich im Jahr 1976 das Abitur und eine abgeschlossene Ausbildung als Tischler in der Tasche hatte, wusste ich überhaupt nicht, was ich beruflich machen wollte. Ich entschied mich, dem Trend der Zeit zu folgen und nach Indien zu reisen. Dort hoffte ich in einem Aschram einen Guru zu finden, der mich als Schüler annehmen würde. Mein Interesse für Spiritualität war groß: Ich hatte die wichtigsten esoterischen Bücher gelesen, sehr intensiv Hatha-Yoga geübt und fühlte mich zum supramentalen Yoga von Sri Aurobindo stark hingezogen.

Nach einem längeren Aufenthalt in Griechenland und einer unbequemen Reise durch die Türkei, den Iran und Pakistan erreichte ich schließlich die Stadt Amritsar in Indien. Ich reiste weiter in den Himalaja und kehrte – gerade rechtzeitig vor Einbruch des Winters – zurück in das flache Land. Jetzt begann die Suche nach einem spirituellen Meister. Mit dem Zug fuhr ich zum nächsten mir bekannten Aschram und hatte dort großes Glück: Viele Anwärter mussten wochenlang warten, bis sie zugelassen wurden, aber ich erhielt nach einem Gespräch mit dem Verwaltungsleiter die Erlaubnis, schon am nächsten Tag zurückzukommen und einer Sitzung mit dem Meister beizuwohnen. Am nächsten Tag stieg ich jedoch in einen Zug und reiste weiter zum nächsten Aschram. Auch dort hätte ich bleiben können, aber stattdessen buchte ich in einer indischen Großstadt ein Zimmer in einem Billighotel. Warum ich nicht geblieben war, wusste ich selbst nicht.

Eine Woche später trank ich mit einigen Indern abends Tee in einem Teehaus. Einer von ihnen, ein ehemaliger Offizier, erzählte mir, dass er Unterschriften gegen bestimmte

Gurus sammle, die den Westen bereisten und die, wie er betonte, schlicht und einfach Betrüger seien. Vor diesen Gurus habe er keinen Respekt. Wohl aber vor dem alten Mann, der auf dem Grundstück nebenan in einem kleinen Tempel wohne und der hier in der Gegend als heilig gelte. Neugierig geworden, da ich noch nie einen Heiligen zu Gesicht bekommen hatte, ließ ich während des weiteren Gesprächs meinen Blick von Zeit zu Zeit auf das Gebäude in der Nähe, das ein Tempel sein sollte, fallen. Bei Einbruch der Dunkelheit erschien ein kleiner Mann in einem orangefarbenen Gewand, setzte sich an unseren Tisch und trank Tee mit uns. Er war sehr alt, hatte graue, struppige Haare und einen großen Bart. Statt, wie ich erwartete, erhabene Worte von sich zu geben, redete er über belanglose Dinge, genoss seinen Tee und lächelte die meiste Zeit. Nach einer halben Stunde verschwand er wieder in seinem Tempel und ließ mich mit dem Gedanken zurück: »Was soll an diesem Mann denn heilig sein?«

Als ich am nächsten Morgen in meinem Hotel aufwachte, versuchte ich mir den vorigen Abend in Erinnerung zu rufen. Mir wurde klar, dass ich, kurz nachdem der alte Mann weggegangen war, die universelle Einheit (Om) erfahren hatte, wobei ich mir nur noch den Anfang dieser gewaltigen Erfahrung vergegenwärtigen konnte. Weiter erinnerte ich mich, nach meiner »Rückkehr aus der Einheit« in den Tempel gegangen zu sein und lange mit dem alten Mann gesprochen zu haben. Aber worüber wir gesprochen hatten, wusste ich nicht mehr. Das Einzige, woran ich mich erinnerte, war sein letzter Satz. Als mich später am Tag Gäste, die mich kannten, im Hotel begrüßten, machte ich eine sehr unangenehme Entdeckung: Ich konnte nicht sprechen! Denken konnte ich schon, aber es war mir unmöglich, meine Gedanken in Worte umzuwandeln. Dieser frustrierende Zustand hielt drei Tage lang an. Meine Bekannten im Hotel wussten nicht, warum ich nicht sprechen konnte, und ich konnte es ihnen nicht erklären.

Drei Monate später war ich wieder in Griechenland, nur noch 58 Kilo schwer. Wie die meisten Europäer, die aus Indien zurückkamen, war auch ich an einer Darminfektion erkrankt. Einige Jahre danach heiratete ich in Deutschland. Meine Frau und ich haben vier Kinder. Mit dem ersten Kind fing für mich der »Ernst des Lebens« an: Spiritualität schön und gut, jetzt hieß es aber Geld verdienen. Sieben Jahre arbeitete ich als Grafiker und Illustrator, danach 18 Jahre als Zauberkünstler.

Die zwölf Ringe der Kraft

Seit meiner Rückkehr aus Indien 1977 habe ich die verschiedensten esoterischen, spirituellen und ganzheitsmedizinischen Systeme studiert, um einen Universalschlüssel zu finden. Vor ungefähr zwanzig Jahren fand ich in einem Buch über christliche Mystik den ersten Teil dieses Schlüssels. Ich betätigte ihn aber nur ein einziges Mal, weil das Ergebnis ein regelrechter Schock war. Ich wusste damals nicht, was man dabei beachten sollte; auch fehlten mir die Teile zwei und drei, wodurch eine richtige Interpretation der Erfahrung nicht möglich war. Etwa zehn Jahre später entdeckte ich das dreiteilige Meistersymbol der Alchemie. Ich konnte einen seiner Teile als den mir schon bekannten Schlüsselteil identifizieren. Jetzt war es möglich, die Botschaft, die in der ersten Erfahrung enthalten war, zu entziffern. Mir fehlten nur noch die richtigen Techniken zur Aktivierung des zweiten und dritten Teils. Ich fand sie schließlich durch die Analyse vieler mystischer Texte. Das Kennenlernen der drei Schlüsselteile, ihre Anwendung und schließlich ihre Beherrschung sind Teile eines Prozesses, den ich den hermetischen Weg nenne.

Der hermetische Weg ist ein Weg der Bewusstseinserweiterung, Selbsterkenntnis und Heilung. Die zwölf Techniken des Weges und die vier hermetischen Einweihungen werden in fünf Stufen vermittelt.

Auf der ersten Stufe werden die sieben hermetischen Techniken vermittelt: die sieben Ringe der Kraft. Sie beruhen auf den Lehren des Hermes Trismegistos, des Urvaters der Alchemie. Die ersten vier Ringe der Kraft aktivieren feinstoffliche Energien, die bewirken, dass ein Bereich geöffnet wird, der normalerweise »hermetisch« verriegelt ist: die Kammer der Kundalini. Die Erweckung dieser Kraft führt zur Bewusstwerdung der Kräfte in den Chakren. Der fünfte Ring macht die geistige Kommunikation mit Pflanzen, Tieren und Menschen möglich. Der sechste Ring bewirkt das Verstehen der kosmischen Sprache. Durch die Anwendung des siebten Ringes kommt die Begegnung mit dem Höheren Selbst zustande: Sie führt zu Blockadenlösungen und tief greifenden spirituellen Erfahrungen.

Auf der zweiten Stufe werden die zwei mystischen Ringe vermittelt. Der achte Ring bewirkt die Akzeptanz der eigenen Wünsche und Bedürfnisse und die Befreiung von Lasten. Er verschafft Zugang zur Akasha-Chronik und ermöglicht dadurch Einblicke in relevante frühere Inkarnationen. Zudem schafft der achte Ring die Möglichkeit, Karma aufzulösen. Der neunte Ring reinigt die Aura, bewirkt den Kontakt zu Lichtwesen und ermöglicht die Wahrnehmung der sieben Lichtwelten.

Auf der dritten Stufe werden die zwei esoterischen Ringe vermittelt. Durch die Aktivierung des zehnten Ringes der Kraft nimmt man die Kräfte, die in Räumen wirksam sind, wahr und lernt vier heilende Urkräfte kennen. Des Weiteren wird die Dualität überwunden und die Einheit erfahren, in der man die sieben Chakren als ein Chakra erlebt. Dieser Zustand führt zur Bewusstwerdung der eigenen spirituellen Lebensaufgabe. Der elfte Ring der Kraft führt zur Energie der kosmischen Liebe.

Auf der vierten Stufe wird der zwölfte – alchemistische – Ring vermittelt. Durch sieben aufeinander folgende Prozesse wird die Harmonie zwischen Mikrokosmos und Makrokosmos (das »Gold« der Alchemisten) erreicht: Aktivierung der universellen Energie, Bewusstwerdung der Manifestationsenergie, Bewusstwerdung der Attraktionsenergie, Begegnung mit dem Hüter des

Unterbewusstseins, Aktivierung der Kräfte des Unterbewusstseins, Öffnung des Portals, Zubereitung des »Steins der Weisen«. Die Begegnung mit dem Hüter ist dramatisch, denn um an ihm vorbeizukommen, musst du ihn bezwingen. In diesem Moment wirst du verstehen, dass du auf den ersten drei Strecken des Weges genau die Kräfte und Fähigkeiten erworben hast, mit denen er gebändigt werden kann. Nachdem du ihn besiegt hast, stellt er dir die gewaltigen Kräfte des Unterbewusstseins zur Verfügung.

Auf der fünften Stufe werden die hermetischen Einweihungen vermittelt. In früheren Kulturen waren Priester für die Durchführung notwendig. Die freigesetzten Kräfte der zwölf Ringe machen es dem Schüler der heutigen Zeit möglich, die Einweihungen selbst vorzunehmen. In der Artus-Einweihung wird man mit der Arbeit mit dem Stein der Weisen vertraut gemacht: Er verwandelt negative Zustände in positive. In der Yoga-Einweihung wird der »Rote Löwe« aktiviert, wodurch die Begegnung mit den Basiskräften dieser Welt sowie mit dem Hüter des Überbewusstseins zustande kommt. Die Formel der »Roten Tinktur« kommt in der Shaolin-Einweihung zur Anwendung: Sie bewirkt die Befreiung des Selbst und macht die Konzentration von Energie möglich. In der Pharaonen-Einweihung schließlich lernt der Schüler den Baum des Lebens kennen und wird dadurch zum Meister des hermetischen Weges und zum Meister des eigenen Weges, denn sie ermöglicht ihm die freie Wahl seiner Qualitäten und Talente. So kann er sein Leben – wie ein Architekt – neu gestalten und seine Fähigkeiten für die Erfüllung der Lebensaufgabe – zum Wohle der Menschheit – einsetzen. In den vier Einweihungen wird das Bewusstsein erweitert, indem es jeweils in den Klartraumkörper, in den Kundalinikörper, in den Kristallkörper und in den Lichtkörper transportiert wird.

Diese fünf Stufen vermittle ich vollständig in den folgenden Seminaren:

– Erweckung der Kundalini-Kraft
– Öffnung des dritten Auges
– Entdeckung des spirituellen Potenzials
– Die sieben Schlüssel der Alchemie
– Die hermetischen Einweihungen

In diesem Buch beschreibe ich mehrere Techniken des hermetischen Weges: Sie können zu Hause und ohne weitere Anleitung ausgeführt werden. Die restlichen Techniken erfordern eine persönliche Anleitung und werden deshalb in Seminaren vermittelt und eingeübt. Weitere Informationen zu den Seminaren findest du auf meiner Website:

www.der-hermetische-weg.de

Auf den nächsten Seiten findest du einige erläuternde Darstellungen:

– In Illustration 1 sind die zwölf Ringe und die vier Einweihungen sowie deren Beziehungen zu den Chakren abgebildet.

– Illustration 2a stellt dar, dass Geistwesen eine Wahrnehmungsebene, eine Beziehungsebene und eine Wirkungsebene haben.

– Illustration 2b verdeutlicht die Wesensteile eines Menschen in der ersten und in der zweiten Realität.

Bemerkung: Der Körper ist auch Symbol für die Wirklichkeit eines Wesensteils in den anderen Welten.

– Illustration 3 zeigt die Beziehung zwischen der Hierarchie der Geistwesen und der Struktur der Ebenen auf.

– Illustration 4 gibt eine Gesamtübersicht.

– Illustration 5 stellt die Quintessenz des hermetischen Systems dar.

Bemerkung:»Chi« (oder»Qi«) ist Lebensenergie und hat mit dem Ätherkörper zu tun.

Illustration 1

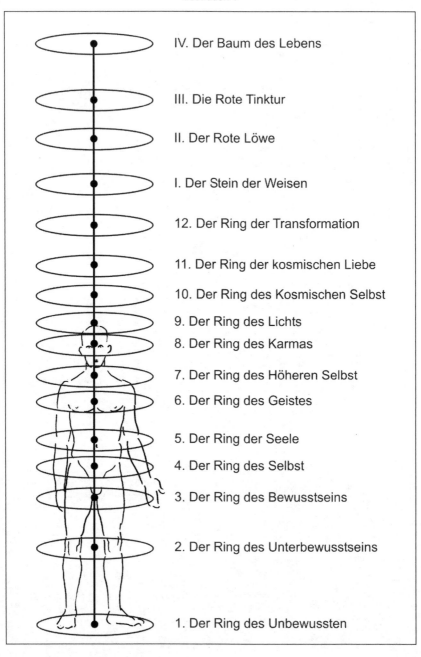

IV. Der Baum des Lebens

III. Die Rote Tinktur

II. Der Rote Löwe

I. Der Stein der Weisen

12. Der Ring der Transformation

11. Der Ring der kosmischen Liebe

10. Der Ring des Kosmischen Selbst

9. Der Ring des Lichts

8. Der Ring des Karmas

7. Der Ring des Höheren Selbst

6. Der Ring des Geistes

5. Der Ring der Seele

4. Der Ring des Selbst

3. Der Ring des Bewusstseins

2. Der Ring des Unterbewusstseins

1. Der Ring des Unbewussten

a

Geistwesen

Wirkungsebene

Beziehungsebene

Wahrnehmungsebene

b   ## 1. Realität   ## 2. Realität

1. Realität	2. Realität
Licht	der Baum des Lebens
Karma	die Rote Tinktur
Höheres Selbst	der Hüter
Geist	Klartraumkörper
Seele	Kundalinikörper
Selbst	Kristallkörper
physischer Körper	Lichtkörper
Unterbewusstsein	der Rote Löwe
das Unbewusste	der Stein der Weisen

Illustration 3

	Elementar-wesen	Drachen	Egowesen	Ergel	Erzengel	Intelli-genzen	Kundalini-wesen	Kristall-wesen	Lichtwesen	aufgestieg. Meister
			Wandlungs-wesen	Gespenster	Seelen	Geister	Hüter			
Transformationsebene										
Ebene der kosmischen Liebe										
Meisterebene										
Lichtebene										
Kristallebene										
Ichebene										
Mentalebene										
Astralebene										
Ätherebene										
physische Ebene										
organische Ebene										
Elementarebene										

Illustration 4

Ringe der Kraft	Ebenen	Geistwesen	Chakren	1. Realität	2. Realität
12	Transformationsebene		zehntes Chakra		
11	Ebene der kosmischen Liebe		neuntes Chakra		
10	Meisterebene	aufgestiegene Meister	achtes Chakra		
9	Lichtebene	Lichtwesen	Kronenchakra	Licht	der Baum des Lebens
8	Kristallebene	Kristallwesen	Stirnchakra drittes Auge	Karma	die Rote Tinktur
7	Ichebene	Kundaliniwesen	Halschakra	Höheres Selbst	der Hüter
6	Mentalebene	Intelligenzen Geister	Herzchakra	Geist	Klartraumkörper
5	Astralebene	Erzengel Seelen	Solarplexus-chakra	Seele	Kundalinikörper
4	Ätherebene	Engel Gespenster	Sakralchakra	Selbst, Leben	Kristallkörper
3	physische Ebene	Egowesen Wandlungswesen	Wurzelchakra	physischer Körper	Lichtkörper
2	organische Ebene	Drachen	Kniechakren	Unterbewusstsein	der Rote Löwe
1	Elementarebene	Elementarwesen	Fußchakren	das Unbewusste	der Stein der Weisen

Illustration 5

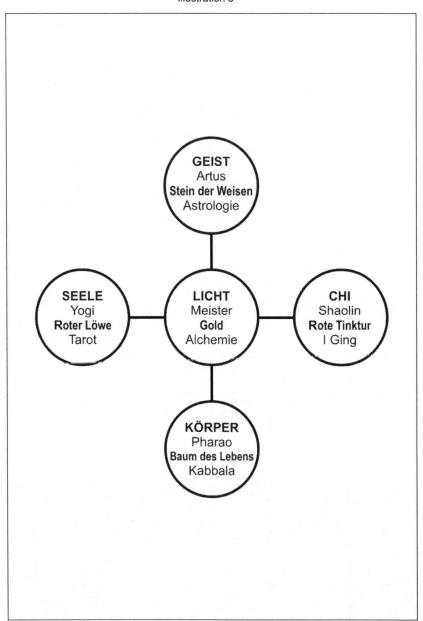

1. Das Symbol der Weisheit

Einleitung

In meinem Buch »Die Techniken des silbernen Falken« werden Techniken beschrieben, die zum Erfolg, zur Imagination und zur Problemlösung führen. Diese drei Errungenschaften stehen in Beziehung zu den drei Zeitaspekten deines Lebens: zu deiner Zukunft, deiner Gegenwart und deiner Vergangenheit. Durch den Traum bist du verbunden mit deiner Vergangenheit. Durch die Sinneswahrnehmung bist du verbunden mit deiner Gegenwart. Deine Visionen schließlich verbinden dich mit deiner Zukunft. Traum, Sinneswahrnehmung und Vision sind die drei Hauptpfeiler deines Bewusstseins. Durch sie erfährst du dein Leben als eine Einheit in einer physischen Welt, die dein Verstand die Wirklichkeit nennt. Die Übungen aus diesem Buch bewirken nicht nur Erfolg, Imagination und Problemlösung. Sie lockern außerdem die Fesseln deines Verstandes und machen ihn sozusagen transparenter für die Wahrnehmung einer zweiten Wirklichkeit. In dieser Transparenz leuchten drei Zentren auf: die Imagination, die Inspiration und die Intuition. Diese drei Zentren sind Empfangsstationen für Wirkungen und Informationen aus der zweiten Wirklichkeit, aus der geistigen Welt. Diese geistige Welt besteht aus zwei voneinander getrennten Regionen: das Unterbewusste und das Überbewusste.

In diesem Buch lernst du ein bisher unveröffentlichtes Symbol kennen, das dabei hilft, das Tor zu der unteren Region der geistigen Welt zu öffnen. Eine Umsetzung der Impulse aus der geistigen Welt ist schließlich das Ziel dieser Methode, die an Menschen weitergegeben wird, die eine innere Entwicklung anstreben, aber dabei mitten im Leben stehen wollen.

In diesem Kapitel lernst du die zehn Kräfte des magischen Willens kennen:

– Die sieben Punkte des Geistes. (Es handelt sich um sieben Punkte auf unserem Körper, die nicht mit den sieben klassischen Chakren korrespondieren.)

– Das Symbol der Weisheit, dieses stellt gleichzeitig eine Zahl und eine Figur dar. In Kombination mit den sieben Punkten des Geistes hilft es dabei, das Tor zur zweiten Wirklichkeit zu öffnen.

– Den Hüter des Unterbewusstseins: Er kann dir deine Wünsche erfüllen.

– Den Stein der Weisen.

Die drei Gegner

Wenn du das Symbol der Weisheit anwendest, wird irgendwann der Moment kommen, dass du im Traum aufwachst. Was dann genau passieren wird, hängt davon ab, welche Stärken und Schwächen du hast. Du wirst mit Sicherheit einige Sachen lernen müssen. Aber früher oder später wirst du eine Reise anfangen, eine Reise mit einem ganz bestimmten Ziel. Bevor du die Reise antreten kannst, gilt es, drei Gegner zu besiegen: die Trägheit, die Unachtsamkeit und die Angst. Die Techniken aus dem Buch »Die Techniken des silbernen Falken« haben dich hierauf vorbereitet:

Auf dem Weg zum Erfolg hast du Tatkraft entwickelt. Es sind die Techniken »Konkretisierung« und »rhythmische Wiederholung« aus dem ersten und die Technik »Schmetterlingspunkte« aus dem zweiten Kapitel in diesem Buch, die diese Qualität besonders fördern.
Auf dem Weg zur Imagination hast du deine Achtsamkeit trainiert. Die Techniken »Separation« und »Collage« aus dem zweiten Kapitel sind hierfür sehr geeignet.
Auf dem Weg zur Problemlösung und zur inneren Freiheit schließlich hast du Mut gesammelt. Insbesondere die Technik »Löwenhaltung« in Kapitel vier hilft dir, ihn zu entwickeln.

Wie sieht die zweite Wirklichkeit aus? Was erwartet einen dort? Es gibt eine Menge Quellen und Geschichten, die in symbolischer Form beschreiben, was einem in der geistigen Welt widerfährt: Mythen, Sagen, Tarotkarten, alchemistische Rezepte, Märchen und sogar Bücher und Filme aus unserer Zeit. Was viele für bloße Fantasie halten, sind in Wahrheit Beschreibungen der zweiten Wirklichkeit und Richtlinien für den Aufenthalt im Reich des Geistes. Um zu verstehen, was diese Erzählungen wirklich bedeuten, musst du ihre Symbolsprache lernen. Weiter unten findest du eine Liste von Märchen und anderen Schilderungen, die es wert sind, studiert zu werden. Lies sie mehrmals, denke über sie nach, analysiere sie! Nutze eventuell Imaginationstechniken, um Antworten zu finden.

Grimms Märchen wie:
– Der Froschkönig oder Der eiserne Heinrich
– Märchen von einem, der auszog, das Fürchten zu lernen
– Hänsel und Gretel
– Die weiße Schlange
– Das tapfere Schneiderlein
– Frau Holle
– Der goldene Vogel
– Der Geist im Glas
– Der gelernte Jäger
– Der Eisenhans
– Das Waldhaus
– Der Trommler
– Jorinde und Joringel

Von den vielen Märchen aus anderen Ländern sind zum Beispiel »Das Feuerzeug« von Hans Christian Andersen und »Aladin und die Wunderlampe« aus der orientalischen Märchensammlung »Tausendundeine Nacht« sehr aufschlussreich. In unserer Zeit gibt es Romane und Filme wie »Der Graf von Monte Christo«, die in Bildersprache von Geschehnissen in der anderen Wirklichkeit berichten. In dieser Geschichte zum Beispiel rächt sich der Titelheld an seinen drei Gegnern, die ihn durch eine Intrige hinter Gitter gebracht haben. Die drei Gegner werden in den Märchen oft dargestellt als drei Riesen, die besiegt oder überlistet werden müssen, wie zum Beispiel im Märchen »Der Trommler«. Im Märchen »Das tapfere Schneiderlein« sind es nicht drei Riesen, die sich der Hauptfigur in den Weg stellen. Hier wird das Thema durch einen Riesen dargestellt, der den Helden drei Mal auf die Probe stellt: [...] Der Weg führte ihn auf einen Berg, und als er den höchsten Gipfel erreicht hatte, so saß da ein gewaltiger Riese und schaute sich ganz gemächlich um. Das Schneiderlein ging beherzt auf ihn zu, redete ihn an und sprach: »Guten Tag, Kamerad, gelt, du sitzest da und besiehst dir die weitläufige Welt? Ich bin eben auf dem Wege dahin und will mich versuchen. Hast du Lust, mitzugehen?« Der Riese sah den Schneider verächtlich an und sprach: »Du Lump! Du miserabler Kerl!«

»Das wäre!«, antwortete das Schneiderlein, knöpfte den Rock auf und zeigte dem Riesen den Gürtel, »da kannst du lesen, was ich für ein Mann bin.« Der Riese las: »Siebene auf einen Streich«, meinte, das wären Menschen gewesen, die der Schneider erschlagen hätte, und kriegte ein wenig Respekt vor dem kleinen Kerl. Doch wollte er ihn erst prüfen, nahm einen Stein in die Hand, und drückte ihn zusammen, dass das Wasser heraustropfte.

»Das mach mir nach«, sprach der Riese, »wenn du Stärke hast.«

»Ist's weiter nichts?«, sagte das Schneiderlein, »das ist bei unsereinem Spielwerk«, griff in die Tasche, holte den weichen Käs und drückte ihn, dass der Saft herauslief. »Gelt«, sprach er, »das war ein wenig besser?« Der Riese wusste nicht, was er sagen sollte, und konnte es von dem Männlein nicht glauben. Da hob der Riese einen Stein auf und warf ihn so hoch, dass man ihn mit Augen kaum noch sehen konnte. »Nun, du Erpelmännchen, das tu mir nach.«

»Gut geworfen«, sagte der Schneider, »aber der Stein hat doch wieder zur Erde herabfallen müssen. Ich will dir einen werfen, der soll gar nicht wiederkommen«, griff in die Tasche, nahm den Vogel und warf ihn in die Luft. Der Vogel, froh über seine Freiheit, stieg auf, flog fort und kam nicht wieder. »Wie gefällt dir das Stückchen, Kamerad?«, fragte der Schneider. »Werfen kannst du wohl«, sagte der

Riese, »aber nun wollen wir sehen, ob du imstande bist, etwas Ordentliches zu tragen.« Er führte das Schneiderlein zu einem mächtigen Eichbaum, der da gefällt auf dem Boden lag, und sagte:»Wenn du stark genug bist, so hilf mir den Baum aus dem Walde heraustragen.« »Gerne«, antwortete der kleine Mann,»nimm du nur den Stamm auf deine Schulter, ich will die Äste mit dem Gezweig aufheben und tragen, das ist doch das Schwerste.« Der Riese nahm den Stamm auf die Schulter, der Schneider aber setzte sich auf einen Ast, und der Riese, der sich nicht umsehen konnte, musste den ganzen Baum und das Schneiderlein noch obendrein forttragen. Es war dahinten ganz lustig und guter Dinge, pfiff das Liedchen»Es ritten drei Schneider zum Tore hinaus«, als wäre das Baumtragen ein Kinderspiel. Der Riese, nachdem er ein Stück Wegs die schwere Last fortgeschleppt hatte, konnte nicht weiter und rief:»Hör, ich muss den Baum fallen lassen.« Der Schneider sprang behändiglich herab, fasste den Baum mit beiden Armen, als wenn er ihn getragen hätte, und sprach zum Riesen:»Du bist ein so großer Kerl und kannst den Baum nicht einmal tragen.« [...]

In der ersten Probe wird Wasser aus einem Stein gepresst. Hier geht es um die Kraft der Hände – um die Tatkraft –, die das Phlegma (Wasser) aus der Materie austreibt. Die Stoßkraft des Willens überwindet die Trägheit. In der zweiten Probe wird ein Stein zum Vogel. Hier wird die Schwere des Erdelementes überwunden. Die Auflösung fester Wahrnehmungsmuster (Stein) macht eine intuitive Wahrnehmung (Luft) möglich. Der beschränkte Wahrnehmungskreis auf der Erde weicht der Vogelperspektive. In der dritten und letzten Probe pfeift der Schneider ein Lied. Hier beweist er seine Furchtlosigkeit und besiegt so den dritten Gegner: die Angst.

Auch im Märchen »Frau Holle« muss die Hauptperson –
diesmal eine weibliche – drei Prüfungen bestehen. Sie holt
Brote aus einem heißen Backofen. Hier ist schnelles
Anpacken gefragt. Danach sammelt sie alle Äpfel von
einem Baum, was Aufmerksamkeit und wache
Wahrnehmung erfordert. Schließlich überwindet sie ihre
Angst vor Frau Holle und tritt in deren Haus ein. So werden
auch hier die Eigenschaften Tatkraft, Achtsamkeit und Mut
auf die Probe gestellt.

Das Tor zur zweiten Wirklichkeit

Die geistige Welt ist unermesslich groß. Sie besteht, wie schon gesagt, aus zwei Regionen. Die untere Region ist die Welt des Unterbewussten, die obere Region die Welt des Überbewussten. Erstere könnte man die Sphäre der Wünsche nennen, während die zweite mehr die Sphäre der Wunder ist. Das Tor zur zweiten Wirklichkeit ist verschlossen. Um es zu öffnen, bedarf es einer Art Schlüssel. In verschiedenen Märchen wird dieser Schlüssel andeutungsweise beschrieben. Im Märchen »Jorinde und Joringel« öffnet Joringel die Pforte eines alten Schlosses mithilfe einer blutroten Blume, in deren Mitte eine schöne große Perle ist. Gefunden hat er die Blume, nachdem er neun Tage lang gesucht hat. In »Frau Holle« muss die Hauptfigur an einem Brunnen sitzen und dort spinnen. Sie springt in den Brunnen, um eine heruntergefallene Spule herauszuholen, dabei verliert sie die Besinnung und erwacht auf einer schönen Wiese, auf der viele Tausend Blumen stehen. Danach besteht sie die drei im vorigen Kapitel beschriebenen Proben und wird am Ende der Geschichte mit Gold belohnt.

Im Märchen »Die drei Königstöchter im Blauen Berge« gräbt ein Soldat auf einem Hügel eine viereckige Sode aus, entfernt eine Steinplatte, geht durchs Wasser, danach durchs Feuer und gelangt schließlich in eine andere Welt. Dort betritt er ein goldenes Schloss. In drei Sälen, der erste aus Kupfer, der zweite aus Silber und der dritte aus Gold, besiegt er die dort wohnenden Trolle. Hier tauchen die drei Prüfungen wieder auf. Kupfer, Silber und Gold erinnern an die üblichen Auszeichnungen bei organisierten Wettkämpfen wie den Olympischen Spielen.

In Andersens Märchen »Das kleine Mädchen mit den Schwefelhölzern« zündet ein Kind am Silvesterabend fünf

Mal Streichhölzer an, bevor es ins neue Jahr und in eine neue Welt eintritt. In »Ali Baba und die vierzig Räuber« ist es ein Spruch, der die Tür in einem Felsen öffnet und den Weg zu einem Schatz freigibt.

Wenn alle Aussagen richtig sind, hat der Schlüssel zum Tor der zweiten Wirklichkeit die folgenden Eigenschaften:

a) Er hat die ungefähre Form einer Blume mit einer Perle im Zentrum.

b) Der Schlüssel hat zu tun mit der Durchwanderung der Elemente Erde, Wasser und Feuer.

c) Das Drehen des Schlüssels gleicht dem fünfmaligen Anzünden von Streichhölzern.

d) Die Betätigung des Schlüssels gleicht ebenfalls dem Spinnen eines Fadens. Etwas, das einer Spule ähnelt, sammelt den gesponnenen Faden.

e) Der Schlüssel ähnelt einem Namen oder einem Spruch.

In den nächsten Kapiteln wirst du sehen, dass das Symbol der Weisheit all diesen Anforderungen entspricht.

Die Entdeckung des Schlüssels

Auf den nächsten Seiten werden das genaue Aussehen des Schlüssels und seine Funktion beschrieben. In seiner statischen Form ist der Schlüssel eine Figur mit sieben Punkten. Diese Punkte sind »Die sieben Punkte des Geistes«. Sie befinden sich alle auf unserem Körper und korrespondieren mit sieben Akupunkturpunkten. In seiner dynamischen Form ist der Schlüssel eine Art von Rezitation, bei der die Aufmerksamkeit in einer endlosen Schleife die fünf Punkte der fünf Elemente durchwandert. Die Energie, die dabei entsteht, sammelt sich um die Achse zwischen dem sechsten und siebten Punkt. Es bildet sich dort ein Strudel, der das Bewusstsein in sich hineinzieht und in die zweite Wirklichkeit projiziert. Es ist sehr wichtig, dass du dich mit diesem Schlüssel auseinandersetzt, bevor du ihn benutzt. Es genügt nicht, nur über ihn zu lesen und die Aussagen zu verstehen. Erweitere dein Wissen um diesen Schlüssel. Analysiere den Inhalt der nächsten Seiten genau. Zeichne die Abbildungen nach. Lerne die Zusammenhänge auswendig. Verknüpfe sie mit schon vorhandenem Wissen. Lies verschiedene Märchen und schau, ob du Teile des Schlüssels wiedererkennst. Suche nach Vorfällen in deinem Leben, die mit ihm zu tun haben könnten.

Illustration 6

a) Der Schlüssel ähnelt einer blutroten Blume mit einer Perle in der Mitte. Hier ist der betreffende Ausschnitt aus dem Märchen »Jorinde und Joringel«:

[...] Endlich träumte er einmal des Nachts, er fände eine blutrote Blume, in deren Mitte eine schöne große Perle war. Die Blume brach er ab, ging damit zum Schlosse: alles, was er mit der Blume berührte, ward von der Zauberei frei: auch träumte er, er hätte seine Jorinde dadurch wiederbekommen. Des Morgens, als er erwachte, fing er an, durch Berg und Tal zu suchen, ob er eine solche Blume fände; er suchte bis an den neunten Tag, da fand er die blutrote Blume am Morgen früh. In der Mitte war ein großer Tautropfe, so groß wie die schönste Perle. Diese Blume trug er Tag und Nacht bis zum Schloss. Wie er auf hundert Schritt nahe bis zum Schloss kam, da ward er nicht fest, sondern ging fort bis ans Tor. Joringel freute sich hoch, berührte die Pforte mit der Blume, und sie sprang auf [...]

Nun ist die heraldische Rose eine zinnoberrote Blume mit fünf Blättern. Der Butzen (das Blüteninnere) ist gold- oder silberfarben. Die gesuchte Figur ist also möglicherweise fünfstrahlig oder hat fünf Glieder. Gehen wir einmal davon aus, dass das richtig ist.

Illustration 7

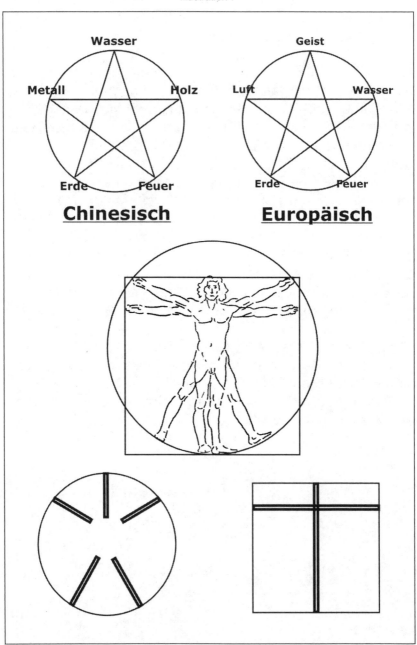

b) Um in die geistige Welt zu gelangen, muss man zuerst die Elemente Erde, Wasser und Feuer passieren, wie das Märchen »Die drei Königstöchter im Blauen Berge« berichtet.

Kombiniert man die »fünfstrahlige Figur« mit den Elementen, dann fällt einem sofort die zyklische Anordnung der fünf chinesischen Elemente ein. Sie ist in Illustration 7 abgebildet. Auch in unserer Kultur kennt man eine Zuordnung der Elemente zu dem fünfstrahligen Stern. So war bei den Gnostikern dieser Stern selbst das Symbol der fünf Elemente, aus denen die Welt besteht. Auch die Kirche verwendet den Fünfstern als Symbol, wie beispielsweise am Turm der Marktkirche in Hannover, an der er riesengroß angebracht wurde. Die abendländische Anordnung der Elemente weicht von der chinesischen Anordnung ab, wie du in Illustration 7 feststellen kannst. Sie ist aber logisch, wie du später noch sehen wirst. Das fünfte Element, »Geist«, wird in manchen Quellen auch »Äther« oder »Licht« genannt.

Eine der bekanntesten Zeichnungen von Leonardo da Vinci ist die Abbildung eines doppelten Menschen innerhalb eines Kreises und eines Vierecks. Im Viereck bildet sein Körper die Form eines Kreuzes, dies stellt den physischen Leib in einer materiellen Welt dar. Weiter hat sein Körper die Form eines Fünfsterns innerhalb eines Kreises. Es versinnbildlicht den geistigen Menschen in einer geistigen Welt. Auffällig ist, dass der Mittelpunkt des Vierecks mit dem Geschlechtsteil zusammenfällt. Das Geschlecht ist für einen Menschen das Tor zur physischen Welt. Der Mittelpunkt des Kreises liegt hingegen beim Bauchnabel. Wir werden später noch feststellen, dass dieser Punkt das Tor zur geistigen Welt ist.

Illustration 8

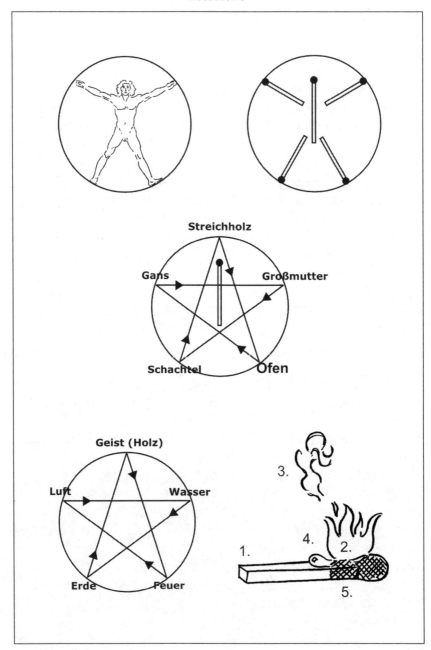

c) Um in die neue Welt einzutreten, muss man fünf Mal ein Streichholz anzünden.

Im Märchen »Das kleine Mädchen mit den Schwefelhölzern« werden fünf Mal Streichhölzer angezündet. Leonardo da Vincis »Geistiger Mensch« und die Streichholzfigur in Illustration 8 haben eine auffallende Ähnlichkeit. Das zentrale Streichholz stellt die Wirbelsäule mit dem Schädel da. Das Mädchen erlebt nacheinander Folgendes:

1. Es zündet ein Streichholz an.
2. Es sieht einen Ofen.
3. Es sieht eine Gans.
4. Es sieht einen Weihnachtsbaum.
5. Es sieht die Großmutter.
6. Es zündet alle Hölzer aus der Schachtel an.
7. Es tritt in die neue Welt (in das neue Jahr) ein.

Durch Assoziation finden wir die folgende Reihe:

1. Das Element Holz (Streichholz).
2. Das Element Feuer (Ofen).
3. Das Element Luft (Gans).
4. Das Element Holz (Weihnachtsbaum).
5. Das Element Wasser (Großmutter – Mère – Mer – Meer).
6. Das Element Erde (Schachtel – Viereck – Würfel).
7. Eintritt in die geistige Welt (neue Welt).

Hieraus lässt sich die Folge der Elemente ableiten, wie in Illustration 8 zu sehen ist: Geist – Feuer – Luft – Wasser – Erde.

Diese Folge erreicht man, indem man oben anfängt und immer zum übernächsten Element im Uhrzeigersinn springt. Hierdurch entsteht das Muster eines Fünfsterns.

In Andersens Märchen wird also verdeutlicht, dass man die fünf Elemente in der Form eines Sterns durchlaufen soll. In der Geschichte erwähnt Andersen noch, dass das Mädchen einen Stern vom Himmel fallen sieht. Das Bild eines Sterns wird hier also noch einmal extra betont. Das Mädchen stirbt nach dem Anzünden der letzten Streichhölzer. Hier wird das Bewusstsein, das die physische Welt verlässt und in die geistige Welt eintritt, symbolisiert. Andersens Bildsprache ist oft etwas düster.

Hast du schon mal ein Streichholz angezündet und dann genau beobachtet, was passiert? Tue es jetzt, bevor du weiterliest. Halte das Streichholz dabei nicht senkrecht, sondern waagerecht. Zündet man ein Streichholz an, dann kann man Folgendes beobachten:

1. Das Streichholz wird gerieben.

2. Eine Flamme erscheint.

3. Es entweicht eine kleine Rauchwolke.

Jetzt kommt die Überraschung:

4. Während die Flamme sich in Richtung Streichholzende bewegt, quillt – direkt vor der Flamme – aus dem Holz ein Wassertropfen hervor. Dieser Tropfen »wandert« über das Holz, weil die Flamme ihn vorwärtstreibt.

5. Hinter der Flamme sieht man das schwarze, verbrannte Holz. Schließlich bleibt nur ein Stäbchen Holzkohle übrig.

Die fünf Elemente erscheinen auch hier in der schon genannten Folge:

Holz (Geist) – Feuer – Luft – Wasser – Erde.

Illustration 9

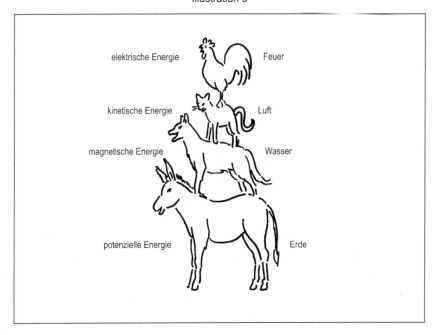

elektrische Energie	Feuer
kinetische Energie	Luft
magnetische Energie	Wasser
potenzielle Energie	Erde

Im Märchen »Die Bremer Stadtmusikanten« stellen sich die vier Tiere aufeinander und stürzen danach durch das Fenster in das Räuberhaus, in dem schönes Essen auf sie wartet. Auch hier wird die gleiche Folge der Elemente angegeben, von oben nach unten sind es: Feuer, Luft, Wasser und Erde. Die fünf Elemente sind fünf Kräfte, fünf Formen von Energie. Sie beleben den Körper eines Menschen und bewahren ihn vor Zerfall. So kann man sagen, dass Geist den Körper belebt. Geist wird oft auch Äther genannt, was aus dem Griechischen kommt und »brennen«, »scheinen« bedeutet. Andere Bezeichnungen für Geist sind Chi (Qi), Prana, vitale Kraft, Lebenskraft. Man kann somit die Elemente als fünf Arten von Äther bezeichnen oder auch als fünf Arten von Chi (Qi). Egal, wie man sie nennt, es sind fünf sehr feine Arten von Energie, die den folgenden Energieformen ähneln: Licht, Elektrizität, kinetische Energie, Magnetismus und potenzielle Energie.

Illustration 10

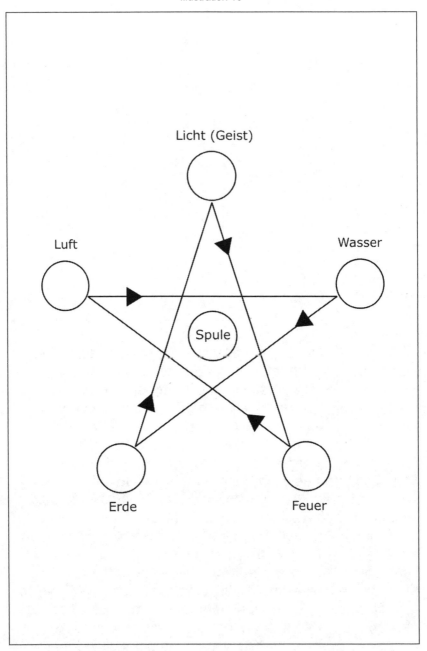

d) Die Betätigung des Schlüssels gleicht dem Spinnen eines Fadens. Dieser Faden wird um eine Spule gewickelt.

Klementine Lipffert schreibt in ihrer »Symbol-Fibel«, die Tätigkeit des Spinnens in mittelalterlichen Bildwerken stelle dar, dass der Lebensfaden gesponnen wird. Auch ist das Spinnen ihrer Aussage nach ein Sinnbild des vom Licht ausgehenden Strahls. Im Märchen »Frau Holle« lesen wir:

[...] Das arme Mädchen musste sich täglich auf die große Straße bei einem Brunnen setzen und musste so viel spinnen, dass ihm das Blut aus den Fingern sprang. Nun trug es sich zu, dass die Spule einmal ganz blutig war, da bückte es sich damit in den Brunnen und wollte sie abwaschen; sie sprang ihm aber aus der Hand und fiel hinab. Es weinte, lief zur Stiefmutter und erzählte ihr das Unglück. Sie schalt es aber so heftig und war so unbarmherzig, dass sie sprach »hast du die Spule hinunterfallen lassen, so hol sie auch wieder herauf.« Da ging das Mädchen zu dem Brunnen zurück und wusste nicht, was es anfangen sollte: und in seiner Herzensangst sprang es in den Brunnen hinein, um die Spule zu holen. Es verlor die Besinnung, und als es erwachte und wieder zu sich selber kam, war es auf einer schönen Wiese, wo die Sonne schien und viel Tausend Blumen standen [...]

Der vom Licht ausgehende Strahl wird gesponnen, indem man die Elemente in der genannten Folge immer wieder durchläuft und so in einer endlosen Schleife Sterne bildet. Man sammelt hierbei die fünf Formen der Lebensenergie, die zusammengeflochten werden und als ein Faden – der Lebensfaden – um die Spule gewickelt werden.

Illustration 11

Äther	•	•	**1**
Feuer	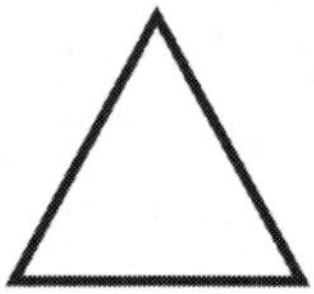 △	⠂⠊	**3**
Luft	 ○	keine	**0**
Wasser	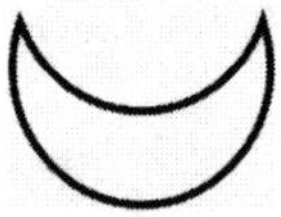 ☽	• •	**2**
Erde	□	::	**4**

c) Der Schlüssel, der das Tor zum Unterbewussten öffnet, ist ein Spruch.

Wohl jeder von uns kennt die berühmten Worte »Sesam, öffne dich!« aus dem Märchen »Ali Baba und die vierzig Räuber«. Zu den fünf Elementen gehört tatsächlich ein Name, ein Wort. Aber der Name ist auch eine Zahl. Und diese Zahl lässt sich auf einfache Art aus der Reihenfolge der Elemente ableiten: Die fünf Elemente werden traditionell durch fünf geometrische Symbole dargestellt: Punkt, Dreieck, Kreis, liegender Mond und Viereck. Man findet die zugehörigen Zahlen, wenn man schaut, wie viele Eckpunkte die einzelnen geometrischen Figuren haben: Der Punkt besteht selbstverständlich aus einem Punkt. Das Dreieck hat drei Eckpunkte. Die Kreislinie hat weder Anfang noch Ende, sie hat keine Eckpunkte. Der liegende Mond hat zwei Eckpunkte und das Quadrat vier (siehe Illustration 11).

Der Schlüssel zu der zweiten Wirklichkeit hat die Zahl:

13024

Illustration 12

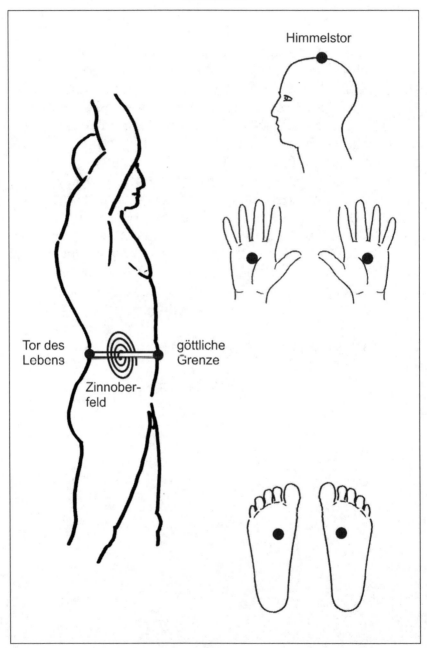

Die sieben Punkte des Geistes

Gibt es ein bestehendes System, das Punkte kennt, die für den beschriebenen Schlüssel infrage kommen? Ja: Die Disziplin »Stilles Qigong« arbeitet bei der Fünf-Tore-Atmung mit fünf Punkten:

– Der Punkt »Baihui«, er wird Himmelstor genannt und ist der Scheitelpunkt des Schädels.

– Auf den beiden Handflächen gibt es den Punkt »Laogung«, er liegt im Zentrum der Hand.

– Auf den beiden Fußsohlen gibt es den Punkt »Yongquan«.

Bei der Fünf-Tore-Atmung stellt man sich vor, Luft durch diese fünf Punkte zu atmen. Das Qi (Lebenskraft) wird dabei im Dantian, einem Feld, das etwas unterhalb des Bauchnabels in der Tiefe des Bauchraums liegt, gesammelt. Es gibt zwei Akupunkturpunkte, die in verschiedenen Disziplinen ebenfalls eine große Rolle spielen:

– Der Punkt »Shenque« in der Mitte des Nabels. Der Name bedeutet »göttliche Grenze«.

– Der Punkt »Mingmen«. Er liegt zwischen dem zweiten und dritten Lendenwirbel, genau gegenüber dem Nabel. Mingmen bedeutet »Tor des Lebens«.

Die fünf Tore des Atems sind die gesuchten Tore für die Energien der fünf Elemente. Die Verbindungslinie zwischen »Shenque« und »Mingmen« ist die Spule aus dem Märchen »Frau Holle«. Hier wird der Lebensfaden um die Achse gewickelt im Feld »Dantian« (siehe Illustration 12).

Die Namen der Punkte sind aufschlussreich:

– »Himmelstor«, hier tritt die Lichtenergie ein.

– »Göttliche Grenze« und »Tor des Lebens«, sie bilden die Endpunkte der Achse, um die der Lebensfaden gesponnen wird.

– »Dantian« heißt »Zinnoberfeld«. Hier wird das Qi gesammelt. Die Blume, die Joringel benutzt, um das Tor zu öffnen, ist blutrot. Wir haben angenommen, es ist die mittelalterliche heraldische Rose. Diese Rose wird traditionell mit der Farbe Zinnoberrot gemalt.

Das Symbol der Weisheit

Das Symbol der Weisheit ist ein dreidimensionaler Stern mit sieben Punkten (siehe Illustration 13). Fünf davon werden durch die Spitzen des Sterns geformt und die übrigen zwei sind die Endpunkte einer Achse im Zentrum des Sterns. Die fünf Punkte haben die Zahlenwerte null, eins, zwei, drei und vier und sind in aufsteigender Folge angeordnet, wenn man den Kreis im Uhrzeigersinn durchläuft. Die Zahlen symbolisieren die Energien der fünf Elemente. Die abendländische Anordnung der Elemente, wie sie in Illustration 7 abgebildet ist, ist völlig logisch: Die zu den Elementen gehörenden Zahlen formen die Reihe 0, 1, 2, 3 und 4 im Uhrzeigersinn. Das Symbol der Weisheit wird aktiviert, indem wir seine sieben Punkte mit den sieben Punkten des Geistes verbinden und die Zahlen in der Folge 1, 3, 0, 2 und 4 durchlaufen. Hierbei werden die Energien der fünf Elemente als Energiefasern gesammelt und zu einem sehr starken Lebensfaden zusammengeflochten. Dieser Faden wird im Zinnoberfeld um die Achse gewickelt. Das um die Achse gewickelte Qi ist vergleichbar mit Strom, der durch den gewickelten Kupferdraht einer Spule geht. Es entsteht eine Art elektromagnetisches Feld mit einer waagerechten Achse (wenn man stehen würde). Siehe Illustration 14. Dieses Energiefeld ist das Wahrnehmungsorgan im Bereich des Unterbewussten. Man ist dort ein Energiefeld in einer Welt voller anderer Energiefelder, die ebenfalls Bewusstsein haben. In Märchen wird oft von Wesen berichtet, die sich verwandeln können. Sie können das, weil sie imstande sind, ihr Energiemuster zu reorganisieren.

Die genaue Technik geht so: Schreibe in deiner Vorstellung die Zahl eins oben auf deinen Kopf, ungefähr dort, wo der Scheitelpunkt ist. Schreibe danach gedanklich die Zahl drei auf die Sohle deines linken Fußes, ungefähr dort, wo der

Illustration 13

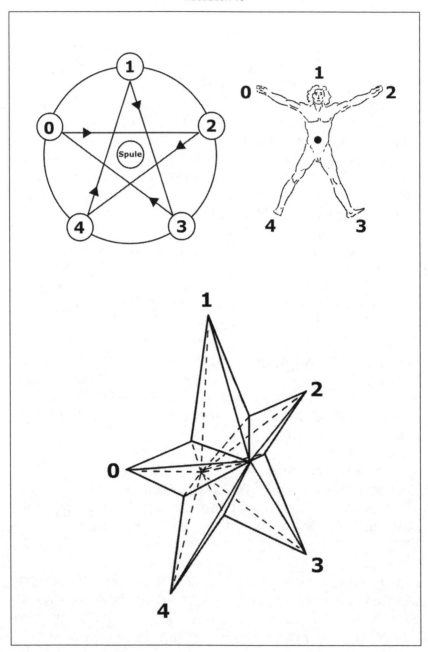

Punkt Yongquan ist. Fahre fort, indem du die Zahl null auf die Innenfläche deiner rechten Hand zeichnest. Natürlich nur in deiner Vorstellung. Danach die Zahl zwei auf die linke Handinnenfläche. Und dann die Zahl vier auf die Unterseite deines rechten Fußes. Diese fünf Schritte wiederholst du immer wieder: 13024 – 13024 – 13024 – 13024 ...

Du kannst diese Übung vor dem Einschlafen machen oder nachts, wenn du aufwachst. Oder auch tagsüber, wenn du sitzt und nichts zu tun hast, wie zum Beispiel in der U-Bahn auf dem Weg zur Arbeit. Wie lange du die Übung jeweils machen willst, bleibt dir überlassen. Übertreibe nicht. Täglich zweimal fünfzehn Minuten reichen. Nach einiger Zeit wirst du feststellen, dass deine Träume sich verändern. Manche werden von stark symbolischem Inhalt sein, andere scheinen sehr real. Es kann auch sein, dass du Ratschläge für dein »normales« Leben erhältst. Irgendwann ist dein elektromagnetisches Feld so stark geworden, dass du in der geistigen Welt aufwachst.

Beachte unbedingt die folgenden Regeln:

1. Mache diese Übung NICHT, wenn du schwanger bist.

2. Mache diese Übung NICHT, wenn du süchtig bist oder irgendwelche anderen größeren psychischen Probleme hast. Dann geh zum Arzt!

3. Mache diese Übung NICHT, wenn du nicht über ein gewisses Maß an Tatkraft, Wachsamkeit und Selbstvertrauen verfügst. Fehlt es dir an diesen Qualitäten, dann versuche zunächst, sie in deinem »normalen« Leben zu erwerben. Die Techniken aus meinem Buch »Die Techniken des silbernen Falken« können dir dabei helfen. Habe Geduld. Irgendwann bist du so weit.

Illustration 14

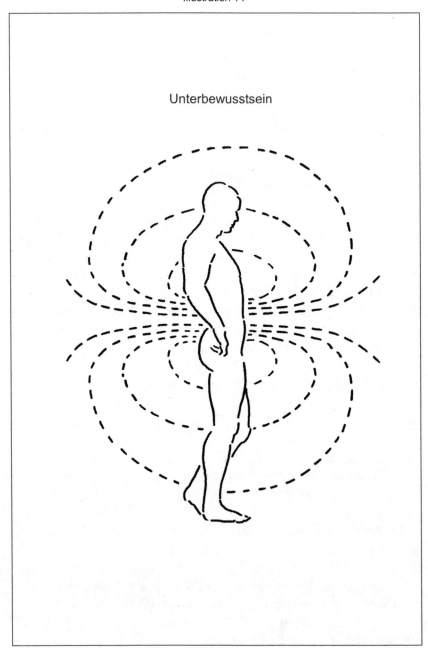

Unterbewusstsein

4. Widme diese Übung – jedes Mal, bevor du sie machst –
der höchsten positiven Kraft im Universum, die du
anerkennst. Glaubst du an einen Gott, dann widme sie
Gott. Glaubst du an Christus, dann widme sie ihm. Glaubst
du an irgendeine positive kosmische Energie, dann widme
sie ihr. Glaubst du, dass Licht oder Liebe die höchsten
Wahrheiten sind, dann widme ihnen diese Übung.

Der geistige Helfer

Die Techniken auf diesem Weg führen zu einer bestimmten Erfahrung, der Erfahrung des Eintritts in die geistige Welt. Die Erlebnisse dort ähneln dem Muster bestimmter Märchen. Wie auch immer deine Reise dort aussehen mag, auf jeden Fall wirst du deinem geistigen Helfer – dem Hüter des Unterbewusstseins – begegnen. Wie du vielen Märchen und Mythen entnehmen kannst, muss es nicht unbedingt ein schönes Wesen sein. Akzeptiere es als deinen Helfer, du wirst es nicht bereuen, denn es wird dir deine verlorene Lebenskraft zurückgeben. Es wird dir mit Rat und Tat zur Seite stehen. Dieser Helfer wird vieles, was unmöglich scheint, möglich machen. Der Reichtum und die Macht des Helfers sind groß. Er wird dir etwas schenken, was du als Kind noch wusstest, aber mittlerweile völlig vergessen hast. Er kennt den Weg zum Stein der Weisen, zum Ziel deiner Reise. Im Märchen »Der Eisenhans« werden einige seiner Eigenschaften (etwas verschlüsselt) beschrieben. Hier folgen ein paar Auszüge:

[...] lag da ein wilder Mann, der braun am Leib war, wie rostiges Eisen, und dem die Haare über das Gesicht bis zu den Knien herabhingen.
[...] Als sie [die Tür seines Käfigs] offen war, trat der wilde Mann heraus, gab ihm [dem Königssohn] den goldenen Ball und eilte hinweg.
[...] »Wenn du in Not gerätst, so geh' zu dem Wald und rufe ›Eisenhans‹, dann will ich kommen und dir helfen. Meine Macht ist groß, größer als du denkst, und Gold und Silber habe ich im Überfluss.«
[...] »Was verlangst du?«, fragte er [der Eisenhans]. »Dass ich den goldenen Apfel der Königstochter fange.« – »Es ist so gut, als hättest du ihn schon«, sagte der Eisenhans; »du sollst auch eine rote Rüstung dazu haben und auf einem stolzen Fuchs reiten.«

Wenn du Illustration 14 betrachtest, fällt es dir vielleicht auf, dass der dort gezeichnete Querschnitt des elektromagnetischen Felds das Aussehen einer Apfelhälfte hat. Schneidest du einen Apfel quer in der Mitte durch, siehst du das Gehäuse als einen Fünfstern. So sieht man, dass ein Apfel ein genaues Abbild des elektromagnetischen Felds des Unterbewusstseins mit dem darin enthaltenen Symbol der Weisheit ist. Auch das Überbewusstsein sieht ähnlich aus. In vielen Erzählungen ist der Apfel dann auch das Symbol für das Unter- oder das Überbewusstsein. Im oben erwähnten Märchen kann die Hauptperson den Apfel der Prinzessin nur durch die Hilfe des Eisenhans fangen. Hier wird also ausgesagt, dass der Zugang zum Überbewusstsein nur möglich ist durch die Hilfe des geistigen Helfers, der selbst ein Teil des Unterbewusstseins ist.

Wunscherfüllung

Wozu das Ganze? Warum sollte man in die geistige Welt eintreten? Reicht es nicht, »normal« zu leben, ohne ein zweites Dasein in einer anderen Wirklichkeit? Nun, so ganz getrennt sind diese beiden Welten gar nicht. Sie durchdringen einander und beeinflussen sich gegenseitig. Tatsache ist, dass viele Ereignisse in deinem Leben erklärbar sind und einen Sinn ergeben, wenn du die korrespondierenden Kräfte aus der zweiten Wirklichkeit kennst.

Wenn du das Symbol der Weisheit anwendest, ändern sich zunächst deine Träume. Aber später wird sich auch dein Leben wandeln. Unter anderem wirst du spontan Dinge wissen, die du eigentlich gar nicht wissen könntest. Auch werden Ereignisse auftreten, die andere Menschen als unglaublichen Zufall abtun werden. Die Häufigkeit des Auftretens derartiger Ereignisse in deinem Leben wird diese Erklärungsmöglichkeit jedoch gänzlich ausschließen. Das Unterbewusste ist ein Gebiet größter Chancen. Du wirst dort Antworten finden, die im Alltagsleben nicht gefunden werden können. Das Unterbewusste ist die Region der Wünsche, während man das Überbewusste die Region der Wunder nennen könnte. Es werden dir auf deiner Reise unter anderem verschiedene Wünsche gewährt. Die Erfüllung dieser Wünsche wird sich nicht nur auf das Land des Geistes beschränken.

Auch in deinem Alltagsleben werden sie sich nach und nach realisieren. Sei aber vernünftig. Es gibt mehrere Märchen, die anschaulich beschreiben, wie es einem Menschen ergeht, der nie zufrieden ist und immer mehr will, wie viel er auch hat. Möchtest du materielle Dinge, dann ist es besser, dafür zu arbeiten, als sie dir ohne Gegenleistung deinerseits bloß zu wünschen. Wünschst du dir zum Beispiel eine Million Euro, dann wende die Techniken aus dem Buch »Die Techniken des silbernen Falken« an. Dein Unterbewusstsein wird dir einen Weg zeigen, wie du sie verdienen kannst. Mache es zu einer Gewohnheit, nur zu nehmen, wenn du auch bereit bist, dafür zu geben.

Illustration 15

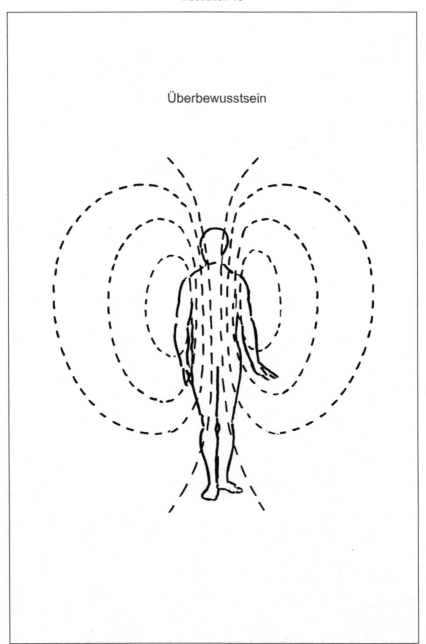

Überbewusstsein

Das geistige Juwel

Jeder von uns hat einen Herzenswunsch. Er ist aber vergessen, verborgen, unauffindbar. Tief im Inneren ruht das geistige Juwel: der Stein der Weisen. Er ist das, wonach du schon immer gesucht hast. Du wirst eine lange Reise unternehmen müssen, um ihn zu finden. Es wird das größte Abenteuer deines Lebens sein. Der geistige Helfer wird dir zur Seite stehen. Viel Glück!

Der hermetische Weg ist der Weg zur Transformation. Das Symbol der Weisheit »spinnt« einen Faden, der, um eine waagerechte Achse gewickelt, eine Art elektromagnetisches Feld kreiert, das dein »Fahrzeug« im Bereich des Unterbewussten ist. Ein zweites Symbol, das Meistersymbol der Alchemie, wickelt einen »Faden« um eine senkrechte Achse, die durch die Mitte unseres Körpers läuft. Das Feld, das hierdurch entsteht, ist dein Bewusstseinsträger im Bereich des Überbewussten. Siehe Illustration 15. Der Eintritt in diese Region eröffnet die Möglichkeit, Wunder zu erfahren.

Der magische Wille

Durch die Anwendung der hier beschriebenen Techniken wächst etwas, das man den »magischen Willen« nennt. Es handelt sich um eine Fähigkeit, Dinge zu bewirken und zu steuern. Die Wirkung des magischen Willens ist abhängig von der Menge der gespeicherten Energie. Je mehr man gesammelt hat, desto weniger wird das Erleben durch die Diktatur unserer Verstandesmuster eingeschränkt.

2. Die Kundalini-Kraft

Illustration 16

Das Meistersymbol der Alchemie

Die Grundlage des hermetischen Weges ist ein Symbol, das aus drei Teilen besteht: aus Bogen, Kreis und gleichschenkeligem Kreuz (siehe Illustration 16). Es ist das astrologische Zeichen für den Planeten Merkur. Die geistige Macht, die unter anderem in diesem Himmelskörper wirksam ist, wurde von den Römern als Gott Merkur verehrt. Die Griechen kannten sie als Hermes und die Ägypter als Thoth.

Der hermetische Weg nun ist der Weg des Hermes – der Weg des Merkur. Die Begegnung und Auseinandersetzung mit dieser Kraft führt zu Bewusstseinserweiterung, Selbsterkenntnis und Heilung. Es gibt verschiedene Hinweise, die verdeutlichen, um welche Kraft es geht und auch, was sie bewirkt. Im Märchen »Der Geist im Glas« zum Beispiel findet ein Schüler unter den Wurzeln einer alten Eiche eine Glasflasche. Er nimmt den Pfropfen von der Flasche ab und heraus steigt ein riesiger Geist, der sich als der großmächtige Merkurius vorstellt. Der Schüler lässt sich von dieser furchterregenden Gestalt, die so groß wie der halbe Baum ist, nicht beirren. Nachdem er seinen Mut ihr gegenüber bewiesen hat, gibt sie ihm ein Pflaster, das einerseits Wunden heilt und andererseits Eisen in Silber verwandelt.

Um die wahre Bedeutung dieser Märchenbilder zu verstehen, machen wir einen Kurzausflug zum Indien der alten Yogis:
Nach der Yoga-Lehre ist die Kundalini-Kraft eine ätherische Kraft, die am unteren Ende der Wirbelsäule im sogenannten Wurzelchakra ruht. Durch Yoga kann sie erweckt werden. Beim Aufstieg durchwandert sie die Hauptchakren, wobei Körper und Bewusstsein transformiert werden.

Das Märchen der Brüder Grimm beschreibt in westlichen Bildern den gleichen Prozess:

– Die Eiche, die der Schüler findet, ist die Wirbelsäule.
– Die Wurzeln der Eiche sind das Wurzelchakra.
– Der im Glas eingeschlossene Geist ist die im Wurzelchakra »schlafende« Kundalini-Kraft.
– Das Heilen der Wunden und die Verwandlung von Eisen in Silber sind die zwei alchemistischen Hauptprozesse, wobei der Körper geheilt und das Bewusstsein transformiert wird.

Bemerkung: Von den sieben Hauptchakren wird das oberste Chakra Kronenchakra genannt und das unterste Wurzelchakra. Die Wirbelsäule wird deshalb mit einem Baumstamm verglichen. Wie der Baum verbindet auch die Wirbelsäule Himmel und Erde.

In Illustration 16 findest du neben dem astrologischen Symbol für Merkur ein zweites Symbol: einen Stab mit einem Knauf und zwei Flügeln, der von zwei Schlangen umschlungen wird. Dieser Stab wird Hermesstab genannt und steht in der Alchemie für Mercurius. In der Heraldik heißt er Merkurstab.

Unschwer erkennt man in diesem Merkurstab die drei yogischen Hauptleitbahnen für feinstoffliche Energie: Sushumna, Ida und Pingala. Fließt dauerhaft Energie durch diese drei Kanäle, findet die Erweckung der Kundalini-Kraft statt. Der Knauf und die zwei Flügel symbolisieren das Stirnchakra – das dritte Auge. Es wird in der Regel als ein Kreis mit zwei Blütenblättern dargestellt. In den Harry-Potter-Romanen taucht es als »Schnatz« – ein goldener Ball mit zwei silbernen Flügeln – auf.

Nach der Rosenkreuzer-Lehre symbolisiert der Merkurstab die Entwicklung des Bewusstseins in sieben Stufen:

– Trance-Bewusstsein
– Schlaf-Bewusstsein
– Traum-Bewusstsein
– Wachbewusstsein
– waches Traum-Bewusstsein
– waches Schlaf-Bewusstsein
– waches Trance-Bewusstsein

Der hermetische Weg ist nichts anderes als die westliche Methode zur Erweckung der Kundalini-Kraft. Während im yogischen System des Ostens Körper- und Atemübungen eine wesentliche Rolle spielen, sind die Techniken des hermetischen Weges überwiegend meditativer Art, wobei geheime Symbole aus der Alchemie, der Kabbala und der Astrologie Verwendung finden.

Kehren wir zurück zum astrologischen Symbol des Merkurs. Es besteht aus drei Teilen; sie stellen Phasen des hermetischen Weges dar:

– Das »Plus«-Zeichen symbolisiert die erste Phase und birgt fünf Symbole in sich. Die Technik, in der diese Symbole Anwendung finden, heißt der erste Ring der Kraft.

– Der Kreis korrespondiert mit der zweiten Phase; er birgt dreizehn Symbole in sich. Ihr kombinierter Einsatz heißt der zweite Ring der Kraft.

– Der Bogen steht für die dritte Phase, in der acht Symbole angewandt werden. Es handelt sich hierbei um den dritten Ring der Kraft.

Die 26 Punkte dieser Figur korrespondieren mit den Elementen von mehreren esoterischen, medizinischen oder ganzheitlichen Systemen:

– Astrologie: 4 Elemente, 12 Tierkreiszeichen, 7 klassische Planeten, 3 Generationsplaneten (Uranus, Neptun, Pluto)

– alternative Medizin: 4 Temperamente, 12 Akupunktur-Meridiane, 7 Chakren, 3 (Gehirn, Herz, Bauchhirn)

– Tarot: 22 Karten der großen Arkana, 4 Ritter

– Alphabet: 5 Vokale, 7 (6 Plosivlaute + R), 2 Nasale, 12 übrige Laute

– Bibel: 5 Bücher Moses, 12 Apostel, 7 Siegel, 2 (Altes Testament und Neues Testament)

– Wirbelsäule: 5 Lendenwirbel, 12 Brustwirbel, 7 Halswirbel, 2 (Kreuzbein und Steißbein)

In den Illustrationen 17, 18 und 19 findest du Zuordnungen zur Astrologie, zum Tarot und zu den Buchstaben des lateinischen Alphabets.

Die Buchstaben O, M und N formen die Zentren der ersten drei Ringe. Aus diesen drei Buchstaben lassen sich nur zwei Wörter bilden: MON und NOM. »Mon nom« ist Französisch und bedeutet »mein Name«. Ein wichtiger Aspekt des hermetischen Weges ist es, diesen geheimen Namen zu entdecken (siehe Illustration 20).

Illustration 17

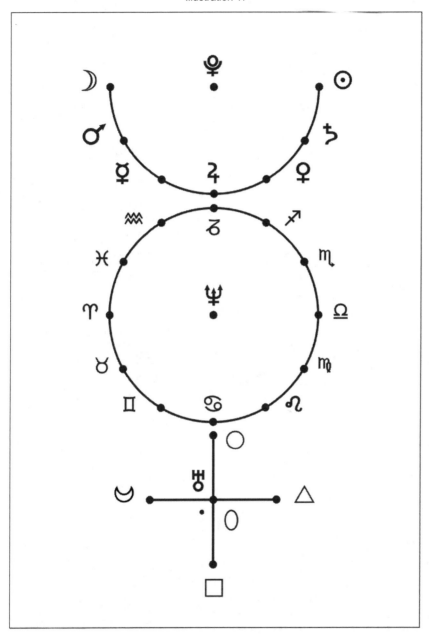

Illustration 18

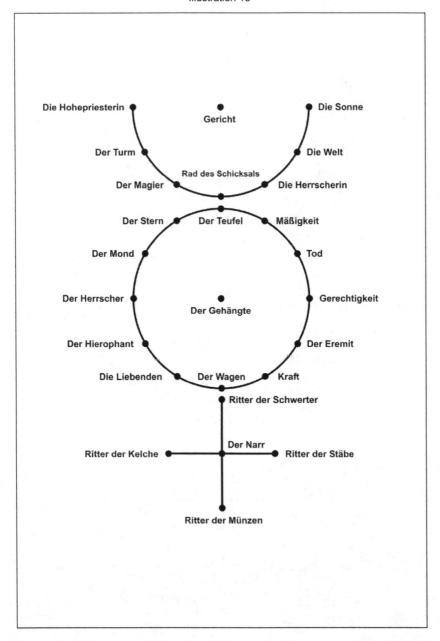

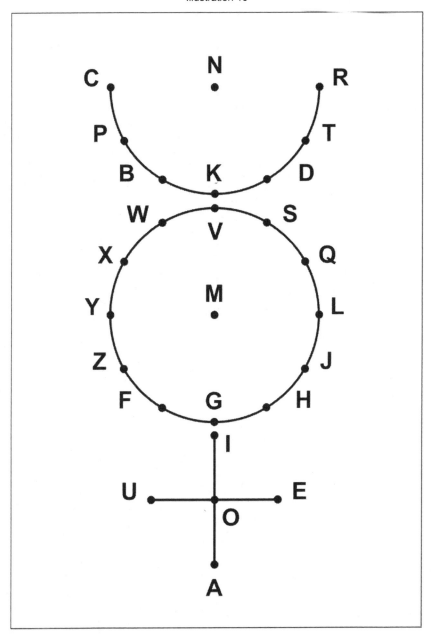

Illustration 19

Illustration 20

OMN = MON NOM

Der erste Ring der Kraft

In seinem bemerkenswerten Buch »Der brennende Busch« erklärt Karl Weinfurter, dass die Kundalini-Kraft mithilfe der fünf Vokale und der weiteren Buchstaben erweckt werden kann. Es werden im Buch viele mystische Geheimnisse entschleiert und Symbole erläutert, aber die Methode selbst wird nur im Ansatz erklärt. Das wird damals sicherlich auch richtig gewesen sein.

In unserer heutigen Zeit ist es – meiner Meinung nach – wichtig, dass schnelle Wege der Bewusstseinserweiterung und Heilung vielen Menschen zugänglich gemacht werden. Deshalb lehre ich den hermetischen Weg, dessen erste drei Ringe der Kraft die Buchstaben des lateinischen Alphabets nutzen, um verschiedene Teile der Kundalini-Kraft zu erwecken.

Die hermetische Erweckung der Kundalini-Kraft wird von hohen spirituellen Kräften begleitet und führt schnell zu Ergebnissen. Bei dieser Form der Aktivierung spielt das Herzchakra die zentrale Rolle. Die Fähigkeiten und Kräfte, die der Mensch hierbei erlangt, sind mit seinem Ich verbunden, wodurch er selbst entscheiden kann, wann und wo er sie einsetzen will.

Im ersten Ring der Kraft – auch »Ring des Unbewussten« genannt – kommen die fünf Vokale und der Buchstabe »H« zur Anwendung. Diese sechs Buchstaben werden in der Vorstellung auf die Sohlen der beiden Füße geschrieben. Es erscheint einem vielleicht merkwürdig, dass das imaginierte Schreiben von Buchstaben auf die Füße eine Erweckung und Bewusstwerdung von ätherischen Kraftströmen zur Folge haben kann. Dazu kann gesagt werden, dass Buchstaben zum »Geist« gehören und dass »Geist«, der auf den Körper einwirkt, feinstoffliche

Wesensteile des Menschen, wie die Seele und die Kundalini-Kraft, aktiviert und ins Bewusstsein ruft. Auch wirkt das innerliche Aussprechen der Buchstaben des ersten Ringes wie das Rezitieren eines Mantras, das den Namen einer Gottheit enthält. Die Buchstaben I, O, U und E bilden nämlich den Namen Jove (Jupiter), und ihr dauerhaftes Wiederholen setzt spirituelle Energien frei, die zur Wirkungsebene der obersten Gottheit der Römer und des gleichnamigen Planeten in Beziehung stehen. Auf viele Menschen hat diese Technik schon innerhalb von wenigen Tagen eine bedeutende Wirkung. Mache diese Übung deshalb nur, wenn du über psychische Stabilität verfügst und ein gesundes Interesse am Alltagsleben hast. Widme auch diese Übung – jedes Mal, bevor du sie machst – der höchsten positiven Kraft im Universum, die du anerkennst. Schwangere Frauen sollten sich überlegen, ob sie diese Übung nicht besser erst nach der Schwangerschaft machen, da das Kind im Leib der Mutter sonst spirituelle Wirkungen erfährt, um die es nicht gebeten hat.

Die Technik:

– Setz dich aufrecht auf einen Stuhl. Die Füße sollten parallel zueinander auf dem Boden stehen. Der Abstand zwischen beiden Füßen beträgt dabei etwa 20 Zentimeter.

– Schließe die Augen, atme tief ein und lasse beim Ausatmen deine Spannungen los. Hilfreich ist es, beim Ausatmen innerlich in Zeitlupe das Wort »Entspannen« zu sagen. Wiederhole das einige Male.

– Beobachte deine Atmung und stelle fest, dass der Atem dich mit der Welt verbindet, da er beim Einatmen in dir und beim Ausatmen in der Welt um dich herum ist. Ändere deine Atmung nicht und bemerke, wie friedlich dieser Prozess ist.

Illustration 21

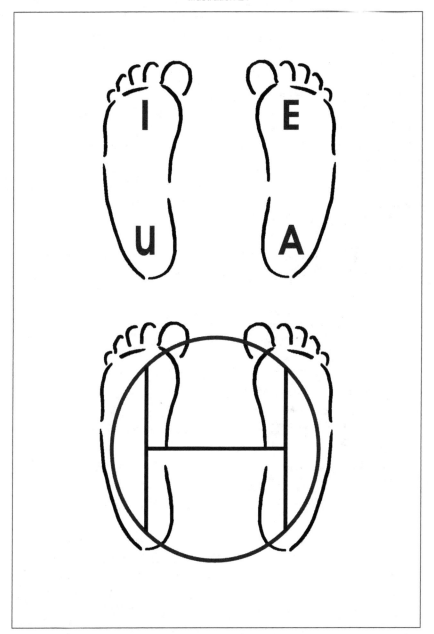

– Wenn du nun ganz ruhig geworden bist, fängst du mit der eigentlichen Übung an: dem imaginären Schreiben der Buchstaben auf die Fußsohlen. In Illustration 21 findest du die genauen Positionen. Schreibe in der Vorstellung den Großbuchstaben »I« unter den linken Fuß, in der Nähe der Zehen. Es geht dabei nicht darum, das Schreiben des Buchstabens innerlich zu sehen. Wichtig ist, das Schreiben imaginativ zu spüren. Dazu wird der Buchstabe beim Schreiben innerlich ausgesprochen. Es finden also gleichzeitig drei Vorgänge statt: Erstens denkst du an die Form des Buchstabens »I«, zweitens spürst du in der Vorstellung, dass er unter deinen Fuß geschrieben wird, und drittens sprichst du den Buchstaben innerlich aus.

– »Schreibe« den Buchstaben »I« auf diese Art fünfmal hintereinander an die genannte Stelle unter dem linken Fuß.

– Schreibe danach den Großbuchstaben »E« auf dieselbe Weise fünfmal unter den rechten Fuß.

– Danach ist der Buchstabe »H« an der Reihe. Er wird in drei großen Strichen unter die Füße geschrieben. Der erste Strich ist unter dem linken Fuß von vorn nach hinten. Der zweite geht von der Mitte des linken Fußes zur Mitte des rechten Fußes. Der dritte Strich schließlich wird von vorn nach hinten unter dem rechten Fuß gezogen. Während des ganzen Vorgangs sprichst du innerlich den Buchstaben »H« aus. Insgesamt machst du das fünfmal hintereinander.

– Der Buchstabe »O« wird als großer Kreis unter die Füße geschrieben. Dieser Kreis verbindet die vier Stellen, wo die Buchstaben I, E, U und A geschrieben werden. Fange vorn zwischen den Füßen an und male den Kreis von oben gesehen gegen den Uhrzeigersinn. Sprich, während du »schreibst«, den Buchstaben »O« innerlich aus. Auch dieser Buchstabe wird fünfmal hintereinander geschrieben.

– Das »U« wird auf gleiche Art fünfmal ganz hinten unter den linken Fuß geschrieben.

– Schließlich wird das »A« fünfmal ganz hinten unter den rechten Fuß geschrieben.

– Sage jetzt innerlich zu dir selbst: »Dies war der erste Durchgang.«

– Mache noch vier Durchgänge genau wie oben beschrieben, jeweils beginnend mit »I« und endend mit »A«. Zwischendurch sagst du innerlich »Dies war der zweite Durchgang.« ... Diese fünf Durchgänge bilden zusammen den »ersten Ring«.

– Anschließend bleibst du noch etwa zwei Minuten mit geschlossenen Augen sitzen und nimmst innere Vorgänge wahr. Möglicherweise spürst du einen Energiefluss, siehst Bilder oder hast andere Wahrnehmungen.

– Beende den »ersten Ring«, indem du dir sagst: »Nach fünf Sekunden öffne ich meine Augen und fühle mich erholt und wach.« Warte noch fünf Sekunden und öffne danach tatsächlich deine Augen.

Einige Anmerkungen:

– Mache diese Übung nicht genau nach Atemrhythmus. Die Atmung und das Schreiben sollen zwei voneinander unabhängige Vorgänge bleiben.

– Schaue während der Übung innerlich von oben durch die Füße auf die Fußsohlen und schreibe das »E« und das »U« so, dass sie dir normal leserlich (nicht gespiegelt) erscheinen.

– Für die Durchführung der Technik »Der erste Ring der Kraft« braucht man etwa zehn Minuten.

– Nach einigen Wochen brauchen die Buchstaben nicht mehr geschrieben zu werden, sondern können einfach an der richtigen Stelle gedacht werden.

– Die Technik des ersten Ringes kann täglich angewandt werden. Die meisten Menschen nehmen die vitale Energie dieses Ringes spätestens nach vier Übungstagen wahr. Nicht selten strömt die Energie zunächst nur bis zu den Knien, weil dort Blockaden vorhanden sind, die erst aufgelöst werden müssen, bevor sie weiterströmen kann. Das Spüren dieser Energie ist ein angenehmes Erlebnis. In seltenen Fällen haben Menschen unangenehme Empfindungen beim Aktivieren des ersten Ringes, wie zum Beispiel das Spüren einer Kälte im Körper oder eines merkwürdigen Drucks im Hals- oder Herzbereich. Der erste Ring selbst verursacht solche unangenehmen Empfindungen nicht. Die Erklärung liegt in der Tatsache, dass seine Energie auch bewusstseinserweiternd wirkt. Spürt ein Mensch beim Aktivieren des Ringes nun eine Kälte im Körper, dann wird ihm zum ersten Male bewusst, dass in ihm etwas vorhanden ist, was sich wie Kälte anfühlt. Der Ring macht ihn also auf eine schon vorhandene, aber bis dahin unbewusste Energieblockade in ihm selbst aufmerksam. Und er tut das nicht, um ihm das Leben schwer zu machen, sondern weil es an der Zeit ist, dass diese Blockade aufgelöst wird.

– Kleinere Blockaden verschwinden nach und nach, wenn man den Ring täglich anwendet. Größere Blockaden erfordern fortgeschrittenere Techniken, wie man sie zum Beispiel im siebten Ring findet.

– Der erste Ring wirkt zentrierend und schenkt den Menschen mehr Zufriedenheit im Leben, weil er bewirkt, dass ihre relevanten Wünsche nach und nach – und scheinbar ganz von selbst – Teil ihrer Wirklichkeit werden. Um dir eine Idee zu geben, welche Phänomene durch den ersten Ring hervorgerufen werden können, folgt hier das Feedback eines Seminarteilnehmers:

»Die Energie des ersten Ringes ist sehr intensiv und doch immer angenehm. Das Einzige, was anfangs dagegenhalten wollte, waren die Gedanken (Sorgen, Ängste vor unbekannten Dingen), doch ich ließ sie zu, ohne dagegen anzukämpfen und ohne sie zu ernst zu nehmen. Und mittlerweile ist die Energie eine absolut wohlwollende und vertraute. Sie steigt bis zum Kopf (dort merke ich, wie es teils noch leicht flimmert und arbeitet – wie als würden neue Vernetzungen geschaffen werden). Die Energie bleibt auch immer länger angenehm spürbar im Körper, sie normalisiert sich mehr und mehr, als wenn sie immer schon ein Teil von mir – oder etwa ich von ihr – gewesen wäre. Außerdem spüre ich von den Füßen bis zum Kopf ansteigend ein Kribbeln, eine Wärme, während ich den Ring ausführe. Teilweise auch ein Schütteln und leichtes Zucken (allerdings nicht unangenehm, sondern einfach lebendig). Es erhöht sich meinem Gefühl nach ganz klar die Schwingung in meinem Körper (meinen Zellen). Ich scheine schneller zu schwingen, auch zu denken und wahrzunehmen, und gleichzeitig werde ich innerlich ruhiger und ausgeglichener. Dann nehmen Situationen zu, in denen ich an etwas denke (etwas wahrnehme), und kurz darauf passiert es genau so. Dies ist mir zwar nicht unbekannt, jedoch wird es häufiger und intensiver – ja, sogar immer mehr normal; so als sei es nichts Besonderes mehr.«

Die vier Vokale I, E, U und A haben eine energetische Beziehung zu den vier Elementen. Der Vokal O hat eine Beziehung zum fünften Element und der Buchstabe H zum Tierkreiszeichen Löwe. Die vier Elemente sind überall wirksam und beeinflussen unter anderem unser Temperament, unsere Wünsche und die Politik in einem Land. Hier sind einige Zuordnungen:

Vokal:	A
Element:	Erde
Farbe:	Grün
Temperament:	melancholisch
Bedürfnis:	Sicherheit
Partei:	Die Grünen

Vokal:	E
Element:	Feuer
Farbe:	Rot
Temperament:	cholerisch
Bedürfnis:	Macht
Partei:	SPD

Vokal:	I
Element:	Luft
Farbe:	Gelb
Temperament:	sanguinisch
Bedürfnis:	Freiheit
Partei:	FDP

Vokal:	U
Element:	Wasser
Farbe:	Blau
Temperament:	phlegmatisch
Bedürfnis:	Zusammengehörigkeit (»Union«)
Partei:	CDU/CSU

Der zweite Ring der Kraft

Im zweiten Ring der Kraft – auch »Ring des Unterbewusstseins« genannt – werden in der Vorstellung zwölf Buchstaben auf verschiedene Stellen des Körpers geschrieben. Außerdem werden Sie mit mächtigen Affirmationen verknüpft. Diese Buchstaben sind energetisch verbunden mit den zwölf Tierkreiszeichen, den zwölf Akupunkturmeridianen und den zwölf Emotionen:

Y
Widder
Herzmeridian
Vergebung

Z
Stier
Milz-Pankreas-Meridian
Vertrauen in die Zukunft

F
Zwillinge
Magenmeridian
Zufriedenheit

G
Krebs
Dickdarmmeridian
Selbstwertgefühl

H
Löwe
Lungenmeridian
Bescheidenheit, Toleranz

J
Jungfrau
Lebermeridian
Glücklich sein

L
Waage
Gallenblasenmeridian
Liebe

Q
Skorpion
Schilddrüsenmeridian
Leichtigkeit

S
Schütze
Kreislauf-Sexus-Meridian
Großzügigkeit, Vergangenheit loslassen

V
Steinbock
Nierenmeridian
Sexuelles Gleichgewicht

W
Wassermann
Blasenmeridian
Harmonie

X
Fische
Dünndarmmeridian
Freude

Bemerkung: Die Zuordnungen der Emotionen zu den Akupunkturmeridianen wurden dem hervorragenden Buch »Die heilende Kraft der Emotionen« von Dr. John Diamond entnommen.

Die Energie dieses Ringes ist sanft und schützend. Viele Menschen beschreiben sie als das Gefühl, von einem angenehmen und leichten Wattebausch eingehüllt zu werden.

Sehr sensible Menschen nehmen sie auch als eine Energie wahr, die schnell und freudevoll um die verschiedenen Körperteile herumwirbelt.

Das Feedback einiger Seminarteilnehmer:

»Die Energien fließen gut, manchmal muss ich aufhören, weil mir sehr heiß wird. Körperlich habe ich das Gefühl von einem aufrechteren Gang, vor allem nach dem zweiten Ring ein leicht schwingendes, feines Glücksgefühl.«

»Was mich betrifft, erhalte ich seit der Anwendung des zweiten Rings tonnenweise Bilder und Informationen aus dem Universum.«

»Mein Leben (das Ich) will sich ändern, aber ich muss es auch zulassen. Langsam, aber sicher merke ich, wie ich runder, weicher und zentrierter werde.«

»Alle meine im Laufe meines Lebens erlittenen Restbeschwerden von diversen Knochenverletzungen sind jetzt ganz verschwunden. Meine Sehleistung hat sich verbessert. Ich kann jetzt wieder ohne Lesebrille lesen. Meine Vitalkraft hat sich um das Doppelte verstärkt. Als Weiteres verschwand mein Tinnitus (Ohrklingen) fast zur Gänze. Auch habe ich meine in der letzten Zeit aufgetretene Hektik komplett abgelegt – ich bin ruhiger und ausgeglichener geworden.«

Es ist wichtig, dass die Buchstaben an die für sie richtigen Körperstellen geschrieben werden. Es geht darum, durch die Techniken der ersten drei Ringe eine natürliche energetische Ordnung im Menschen zu schaffen und eine heilsam strukturierte Bewusstseinserweiterung zu bewirken. Ein unstrukturiertes Arbeiten mit Buchstaben führt zu unerwünschten Ergebnissen.

Der dritte Ring der Kraft

Die Energie des »Ringes des Bewusstseins« strömt von oben nach unten durch den Menschen. Diese Energie hat mit dem Höheren Selbst zu tun und macht verschiedene geistige Wahrnehmungen möglich. In dieser Technik spielen die Verschlusslaute eine große Rolle. Sie werden den sieben klassischen Planeten zugeordnet:

T   Saturn

R   Sonne

C   Mond

P   Mars

B   Merkur

K   Jupiter

D   Venus

Das Feedback von zwei Seminarteilnehmern:

»Ich werde durch Welten geführt, die einzigartig, großartig sind ... auch erhalte ich viele Antworten aus den jeweiligen Ebenen, bin in einer größeren Gelassenheit, mutiger und erkenne mehr und mehr sehr klar meine blockierenden Glaubenssätze und Automatismen.«

»Seit ich den dritten Ring aktiviert habe, zentriert sich mein Bewusstsein immer mehr. Auch wird der kosmische Ton in mir immer lauter und klarer.«

Der vierte Ring der Kraft

Er wird auch der »Ring des Selbst« genannt. Wenn die vier Basiskräfte des Selbst – Freiheit, Mut, Harmonie und Identität – gleichmäßig entwickelt werden, ist es leicht, sich der Entfaltung des Bewusstseins zu widmen. Die vier Basiskräfte bilden sozusagen die Eckpunkte einer Pyramide. Die Spitze ist der Punkt, wo »Selbst« kontaktiert und wirksam wird. Durch die Anwendung dieser Technik gelingt es einem relativ leicht, diese Grundkräfte zu erfahren und zu stärken.

Der fünfte Ring der Kraft

Die Aktivierung des »Ringes der Seele« ermöglicht es dem Menschen unter anderem, mit Pflanzen, Tieren und Menschen geistig zu kommunizieren oder verborgene Informationen wahrzunehmen.

Über die Wirkung dieses Ringes schrieb mir eine Seminarteilnehmerin:

»Ich sehe ein violettes Licht durch meinen Körper fließen. Mit Blumen und Bäumen kann ich Kontakt aufnehmen und ihren Puls fühlen. Zwei Raben aus meinem Garten reagieren und kommen, wenn ich sie mental rufe. Der Ton ist im ganzen Körper spürbar (Klangschale). Ich habe das Gefühl, er trägt den Körper.«

Zwei Finger breit unterhalb des Bauchnabels verläuft eine Art Band, das zwölf Punkte in sich trägt. Dieses Band ist eine Art waagerechter Gürtel auf deiner Haut, der »Gürtel der Shaolin«. Die zwölf Punkte auf diesem waagerechten Gürtel sind verteilt wie die zwölf Stunden auf einem Ziffernblatt. Der Punkt Nummer zwölf liegt auf dem Gürtel etwas unterhalb deines Nabels, also genau auf der Körpermitte. Betrachten wir den Kreis von oben, dann liegt dieser Punkt auf »zwölf Uhr«. Punkt Nummer eins liegt rechts vom diesem Punkt auf »ein Uhr«. Punkt Nummer zwei auf »zwei Uhr« und Punkt Nummer drei genau auf deiner rechten Seite auf »drei Uhr«. Punkt Nummer sechs fällt mit »sechs Uhr« zusammen und liegt auf deiner Wirbelsäule usw. Arbeite an drei aufeinanderfolgenden Tagen mit Punkt Nummer zwölf. Gehe dann über zum nächsten Punkt (Nummer eins) und arbeite drei Tage lang mit ihm. Nach 36 Tagen hast du also alle Punkte durchgearbeitet. Auf den folgenden Seiten werden die Techniken mit den zwölf Punkten beschrieben.

Punkt zwölf: »Erscheinen«

a) Stelle dich aufrecht hin, die Arme hängen herunter. Mache die Hände zu Fäusten. Bringe die Fäuste auf Schulterhöhe neben deinen Schultern. Stoße die Fäuste waagerecht zur Seite. Am Ende dieser Bewegungsfolge stehst du also mit den Armen zur Seite gestreckt in Schulterhöhe. Lasse deine Arme zur Seite herunterfallen und wiederhole dieses Stoßen noch viermal. Mache die Bewegungen weder zu schnell noch mit zu viel Kraft. Sie sollten dennoch mit Bestimmtheit ausgeführt werden.

b) Führe die stoßende Bewegung einmal in Wirklichkeit aus, danach nur in der Vorstellung. Wiederhole dies viermal.

c) Richte deine Aufmerksamkeit auf den Punkt zwölf, etwas unterhalb des Nabels. Stelle dir vor, von diesem Punkt gehen diese Stoßimpulse aus. Entsende von dort Strahlen mit »Stoßkraft« in seitliche Richtung. Folge diesen »Stoßstrahlen« mit deinen Armen, indem du wirklich stößt.

d) Mache die Stoßübung einmal wie in »c« beschrieben, danach ganz in der Vorstellung: »strahlen« mit anschließendem Stoßen. Wiederhole dies noch viermal.

Wiederhole a), b), c) und d), bis du circa zehn Minuten geübt hast.

Punkt eins: »Entfalten«

a) Stelle dich aufrecht hin, die Arme hängen herunter.
Mache die Hände zu Fäusten.
Bringe die Fäuste auf Schulterhöhe neben deinen
Schultern.
Bewege die Hände waagerecht zur Seite. Die Handflächen
schauen von dir weg. Mache die Bewegung so, als ob die
Luft Widerstand leisten würde und du Kraft aufwenden
müsstest, um sie wegzudrücken.
Am Ende dieser Bewegungsfolge stehst du mit den Armen
zur Seite gestreckt in Schulterhöhe. Die Handflächen
schauen von dir weg. Lasse deine Arme zur Seite
herunterfallen und wiederhole dieses kräftige Drücken noch
viermal. Mache die Bewegungen nicht zu schnell.

b) Führe die drückende Bewegung einmal in Wirklichkeit
aus, danach nur in der Vorstellung. Wiederhole dies
viermal.

c) Den Punkt Nummer zwölf hast du in der Übung
»Erscheinen« kennengelernt. Punkt Nummer eins gehört
zu dieser Übung und liegt also – von oben betrachtet –
rechts vom Punkt zwölf. Der Abstand zwischen diesen
Punkten ist etwa eine Handbreite.
Richte deine Aufmerksamkeit auf diesen Punkt. Stelle dir
vor, von diesem Punkt gehen diese Druckimpulse aus.
Entsende von dort Strahlen mit »Druckkraft« in seitliche
Richtung. Folge diesen »Druckstrahlen« mit deinen Armen,
indem du wirklich drückst.

d) Führe die Druckübung einmal wie in »c« beschrieben
aus, danach ganz in der Vorstellung: »strahlen« mit
anschließendem Drücken. Wiederhole dies noch viermal.

Wiederhole a), b), c) und d), bis du etwa zehn Minuten
geübt hast.

Punkt zwei: »Trennen«

a) Stelle dich aufrecht hin, die Arme hängen herunter.
Mache die Hände zu Fäusten.
Bringe die Fäuste auf Schulterhöhe neben deinen
Schultern.
Bewege die Hände waagerecht zur Seite. Die Handflächen
schauen von dir weg. Mache die Bewegung so, als ob du
ohne jeglichen Kraftaufwand zwei leichte Vorhänge
auseinander schieben würdest.
Am Ende dieser Bewegungsfolge stehst du mit den Armen
zur Seite gestreckt in Schulterhöhe. Die Handflächen
schauen von dir weg. Lasse deine Arme zur Seite
herunterfallen und wiederhole diese Bewegung noch
viermal. Mache die Bewegungen nicht zu schnell.

b) Führe die Bewegung einmal in Wirklichkeit aus, danach
nur in der Vorstellung. Wiederhole dies viermal.

c) Richte deine Aufmerksamkeit auf Punkt Nummer zwei.
Stelle dir vor, von diesem Punkt gehen diese
Bewegungsimpulse aus. Entsende von dort Strahlen »leicht
wie Luft« in seitliche Richtung. Folge diesen leichten
Strahlen mit deinen Armen.

d) Führe diese Übung einmal wie in c) beschrieben aus,
danach ganz in der Vorstellung: »strahlen« mit
anschließendem »Trennen«. Wiederhole dies noch viermal.

Wiederhole a), b), c) und d) bis du circa zehn Minuten
geübt hast.

Punkt drei: »Lenken«

a) Stelle dich aufrecht hin, die Arme hängen herunter. Bringe die Hände auf Schulterhöhe vor deinen Schultern. Die Hände sind zum Greifen bereit. Bewege die Hände schnell nach vorne und schließe die Hände. Es ist, als ob du zwei senkrechte Stangen gegriffen hast und diese nun mit Kraft festhältst. In der Endposition befinden sich die Arme in Brusthöhe und sind nicht ganz gestreckt. Der Abstand zwischen den Händen beträgt ungefähr 25 cm. Du hältst mit Kraft fest, deshalb ist eine große Spannung in Händen, Armen und Brust vorhanden.
Lasse deine Arme zur Seite herunterfallen und wiederhole diese Bewegung noch viermal.

Führe b), c) und d) ähnlich wie in den vorigen Übungen aus. Die Strahlen gehen diesmal jedoch vom Punkt Nummer drei aus. (Dieser Punkt liegt – von oben betrachtet – rechts von Punkt zwei und zwar genau auf deiner rechten Seite auf der Hüfte.)

Punkt vier: »Wollen«

a) Stelle einen Gegenstand in einiger Entfernung vor dir hin, zum Beispiel eine Tasse.
Betrachte diese Tasse.
Dann »spüre« die Tasse, während du sie betrachtest. Es ist, als ob du die Tasse mit einer Hand abtasten würdest, während du schaust. Lasse kein Bild von einer Hand entstehen. Visualisiere nicht.
Dann spüre, wie du die Tasse vorsichtig festhältst.
Es handelt sich um ein vorgestelltes Gefühl während des Betrachtens. Du berührst die Tasse also nicht mit deinen wirklichen Händen.

b) Schließe die Augen. Visualisiere die Tasse und stelle dir zusätzlich das Spüren und sanfte Festhalten vor.

c) Punkt vier liegt – von oben betrachtet – auf der Zeigerstellung »vier«. Also auf dem Rücken, etwa eine Handbreite von Punkt drei (»Lenken«) entfernt.
Schau dir die wirkliche Tasse an und sende Strahlen aus Punkt vier des Gürtels der Shaolin. Mit diesen Strahlen tastest du die Tasse ab. Danach hältst du die Tasse mit den Strahlen sanft fest.

d) Schließe die Augen und sende Strahlen aus Punkt vier des Gürtels der Shaolin. Mit diesen Strahlen tastest du die Tasse ab. Danach hältst du die Tasse mit den Strahlen sanft fest.

Wiederhole a), b), c) und d), bis du etwa zehn Minuten geübt hast.

Punkt fünf: »Leben«

Diese Übung ist identisch mit der Übung »Wollen«, jedoch wird die Übung mit einer Pflanze, einer Blume oder einem Baum statt mit einem Gegenstand durchgeführt. Während du den Baum oder die Pflanze betrachtest, erkundest du die Oberfläche mit deinem geistigen Tastsinn. Danach hältst du den Baum liebevoll fest. Der zugehörige Punkt liegt auf der Zeigerstellung »fünf«, also etwa ein Handbreite rechts von der Wirbelsäule.

Punkt sechs: »Bewegen«

Diese Übung ist identisch mit der Übung »Leben«, jedoch wird die Übung mit einem Tier statt mit einer Pflanze durchgeführt. Während du das Tier betrachtest, erkundest du seine Oberfläche mit deinem geistigen Tastsinn. Danach hältst du das Tier in der Vorstellung sanft fest. Der zugehörige Punkt liegt auf der Zeigerstellung »sechs«, das heißt auf der Wirbelsäule.

Punkt sieben: »Inspirieren«

Diese Übung ist identisch mit der Übung »Bewegen«, jedoch wird die Übung mit dem Foto des Gesichts eines Menschen statt mit einem Tier ausgeführt. Während du das Gesicht auf dem Foto betrachtest, erkundest du seine Oberfläche mit deinem geistigen Tastsinn. Danach hältst du das Gesicht sanft fest. Der zugehörige Punkt liegt auf der Zeigerstellung »sieben«, also etwa ein Handbreite links von der Wirbelsäule.

Wichtig: Das geistige Abtasten und Festhalten sollte sanft und liebevoll durchgeführt werden! Es sind aus ethischen Gründen nur unbekannte Gesichter auf Bildern erlaubt.

Punkt acht: »Klingen«

a) Erzeuge einen Ton, zum Beispiel, indem du mit einem Löffelchen gegen ein Glas klopfst. Versuche anschließend, den Ton innerlich noch einmal zu hören. Wiederhole das einige Male. Alle möglichen Geräusche sind dafür geeignet, wie das Rauschen eines Baches, das Surren eines Insektes usw.

b) Der zu dieser Übung gehörige Punkt liegt auf der Zeigerstellung »acht«, also etwa eine Handbreit links vom Punkt »Inspirieren«. Schließe jetzt die Augen und stelle dir vor, dass der Ton über diesen Punkt in deinen Körper hineinstrahlt oder hineinklingt.

Punkt neun: »Bilden«

a) Wähle ein Wort, zum Beispiel »Blume«, »Haut« oder »Liebe«. Sage das gewählte Wort laut. Versuche danach, das Wort innerlich noch einmal zu hören. Wiederhole das einige Male.

b) Der zu dieser Übung gehörige Punkt liegt auf der Zeigerstellung »neun«, also genau auf der linken Hüfte. Schließe jetzt die Augen und stelle dir vor, dass das Wort über diesen Punkt in deinen Körper hineinstrahlt oder hineinklingt.

Punkt zehn: »Denken«

a) Wähle einen Satz wie: »Der Apfel fällt nicht weit vom Stamm.« Sage den gewählten Satz laut. Versuche danach, den Satz innerlich noch mal zu hören. Wiederhole das einige Male.

b) Der zu dieser Übung gehörige Punkt liegt auf der Zeigerstellung »zehn«, also auf dem Bauch, etwa eine Handbreite rechts vom Hüften-Punkt. Schließe jetzt die Augen und stelle dir vor, dass der Satz über diesen Punkt in deinen Körper hineinstrahlt oder hineinklingt.

Punkt elf: »Schauen«

a) Wähle ein kleines Gedicht. Lerne das Gedicht auswendig und sage es einige Male laut auf. Versuche anschließend, das Gedicht innerlich noch mal zu hören. Wiederhole das einige Male.

b) Der zu dieser Übung gehörige Punkt liegt auf der Zeigerstellung »elf«, also auf dem Bauch, etwa eine Handbreite links vom Punkt »Erscheinen«. Schließe jetzt die Augen und stelle dir vor, dass das Gedicht über diesen Punkt in deinen Körper hineinstrahlt oder hineinklingt.

Der sechste Ring der Kraft

Um den »Ring des Geistes« zu aktivieren, werden zwei Mantras verwendet. Sie werden aus dem Geburtshoroskop berechnet und setzen zwei Kräfte – eine aus dem Unterbewusstsein und eine aus dem Überbewusstsein – frei. Es öffnen sich dadurch vier Tore, die Zugang zu Quellen verborgener Weisheit im Kollektiv-Unbewussten ermöglichen.

Anders gesagt: Der sechste Ring bewirkt im Anwender eine Art Hellsicht, die ihn in die Lage versetzt, die vierschichtige kosmische Sprache zu verstehen. Wird der höheren geistigen Führung eine Frage gestellt, erhält man die kosmische Antwort auf vier Ebenen.

Diese Hellsicht kann genutzt werden, um Antworten für praktisch jeden Lebensbereich zu erhalten.

Auch kann man mittels des sechsten Ringes mit den Kräften in den Chakren kommunizieren.

Der siebte Ring der Kraft

Der »Ring des Höheren Selbst« bewirkt eine Änderung im »Lichtkanal« eines Menschen und stellt dadurch die Kommunikation mit dem Höheren Selbst auf eine solide Basis.

Der Schüler kann jetzt auch schwerere eigene Blockaden selbst auflösen, wodurch tief greifende spirituelle Erfahrungen möglich werden. Diese Befreiungen führen schließlich zum Zutritt in die Kammer der Kundalini.

Reaktionen

Hier folgen noch einige Reaktionen von Menschen, die die ersten sieben Ringe der Kraft aktiviert haben:

»Nach der Aktivierung der Kundalini-Kraft flog mir bald der Kopf weg, die Energien waren sehr stark. Und sofort in den ersten paar Tagen hatte ich Kontakt zu den Himmlischen Mächten. (Mein Herzenswunsch wohl, mir kommen beim Schreiben gleich die Tränen.) Beim Ausführen merke ich, wie sich meine beiden Gehirnhälften in Gleichklang bringen. Ich merke ein Kribbeln und manchmal ein leichtes Schütteln, der Kopf streckt sich mit dem Gesicht zum Himmel. Ich bin völlig ruhig und gelassen. Eine starke Aktivität im dritten Auge. Mein Leben bringt sich automatisch in Ordnung, das heißt, alles, was nicht funktioniert hat, springt mir ins Gesicht, sodass ich es gar nicht mehr übersehen kann und die Dinge erledige. Dies ohne große Anstrengung oder Überwindung, einfach so. Manchmal sehe ich voraus, was gleich passieren wird. Starke Glücksgefühle gehören jetzt zu meinem Leben. Seelische Altlasten transformieren sich. Die Beziehungen zu anderen Menschen wandeln sich in zwei Richtungen, sie werden inniger oder auch klar abgrenzend. Es ist, als ob ich mich selbst finde. Auch merke ich, dass im Gehirn völlig andere Regionen aktiv werden.«

»Die Techniken bringen eine große Ordnung auf allen Gebieten, zum Beispiel Gesundheit, Wohnung, Beziehungen, und tun mir insgesamt sehr gut.«

»Mein Reiki hat sich zwei Tage nach Deinem Seminar um ein Vielfaches verstärkt. Vorher spürte ich in den Händen ein Prickeln, als würde Brausepulver in Wasser prickeln. Nun ist es so, als würde die Energie wie durch Nadelstiche durch meine Hände fließen. Die Energie fließt so stark, dass ich das Gefühl habe, als würden meine Hände sich ausdehnen. Nach der Übung habe ich das Gefühl, als würde sich mein Kronenchakra öffnen, es fühlt sich an wie ein Trichter, den ich jetzt noch nach zwei Stunden spüre.«

»Ich bin überwältigt ... So heimlich, still und leise habe ich in den vergangenen Wochen plötzlich gewusst, wohin es mich zieht und wo meine Reise als Nächstes hingeht. Mein Herz hat es gespürt, und es fühlt sich so gut und richtig an, wie schon lange nichts mehr. Alles fügt sich auf eine Weise, wie ich es mir nie hätte träumen lassen.«

»Meine Wünsche sind in Erfüllung gegangen und darüber hinaus werde ich immer wieder angesprochen, weil ich eine große Ausstrahlung habe und offensichtlich total in mir ruhe.«

»Es geht mir sehr gut, mein gesamtes Leben ist vollständig anders geworden, ich habe andere Menschen um mich, im Moment manifestiert sich gerade der neue Beruf – es geschieht wie von selbst. Ich habe vor einigen Wochen ein Gewahrsein erreicht, das ich vorher nicht hatte, seitdem ist das Leben etwas ganz anderes als früher.«

»Die Techniken zentrieren mich und ich habe wirklich mehr Kraft. Diese brauche ich (alleinerziehend) auch dringend, um meinen zwei Kindern, Haus, Hund und Praxis Zeit und Kraft zu geben. Es ordnet sich im Moment vieles.«

»Das Seminar hat mein Leben total gewandelt. Probleme, die existierten, sind direkt nach dem Seminar vollkommen gelöst worden. Ich werde geführt und höre, nach deiner ersten Technik, das Höhere Selbst klar mit mir reden. Ich fange an, ein Leben zu leben, das mir entspricht. Dein Seminar war das Beste, was mir passieren konnte.«

»Nochmals herzlichen Dank für das tolle Seminar am Wochenende in Frankfurt. Es war einfach überwältigend, die Energien zu spüren. Einfach der Hammer!«

»Die Übungen habe ich in meinen Tagesablauf integriert und ich experimentiere mit den unterschiedlichen Wirkungen. Am auffälligsten ist, dass meine körperliche Leistungsfähigkeit zugenommen hat. Das macht sich beim Sport sehr positiv bemerkbar. Darüber hinaus erlebe ich eine starke Wärmeenergie im Bereich des Beckens und dann aufsteigend bis zum Kopf. Sehr oft höre ich einen sehr hohen Piepton in der Mitte des Kopfes (kein Tinnitus). Bilder, die ich bei diesen Übungen innerlich sehe, wirken auf mich wie aus einer sehr alten, vergangenen Zeit und sehr symbolhaft.«

»Ich spüre ganz deutlich eine Aufwärtstendenz in meinem Leben. Es passieren auf einmal so viele Sachen, die ich gar nicht für möglich gehalten hätte. Es ist unglaublich, aber ich fühle, dass sich Blockaden langsam, aber stetig abbauen!«

3. Das dritte Auge

Der achte Ring der Kraft

Der »Ring des Karmas« führt zu einer Reihe tief greifender Änderungen, die weit in das Alltagsleben hineinwirken. Es werden zwölf Kräfte aktiviert, die etwa folgende Wirkungen und Merkmale haben:

– Wunscherfüllung, Freude

– Harmonie mit der Umgebung

– zielgerichtete Kräfte

– die Freiheit, man selbst zu sein

– Lösungsprozesse

– Aufrichtung, Kontakt zu Engeln

– Schutz

– dienende Kräfte

– Vertrauen

– Akasha-Chronik, Rückführungen

– Befreiung des Kundalinistroms

– angenommen werden

Der neunte Ring der Kraft

Der »Ring des Lichts« bewirkt den Kontakt zu Lichtwesen und ermöglicht die Wahrnehmung der sieben Lichtwelten.

Es gibt sieben Stufen:

− Aura-Reinigung

− Schutz durch Licht und Lichtwesen

− der Lichtbrunnen, Schutz des Körpers

− die Grundhaltung von Wesen wahrnehmen

− den Lichtkern wahrnehmen

− das Schloss aus Kristall

− der höchste Erzengel

Feedback von Seminarteilnehmern

Reaktionen von Teilnehmern am Seminar »Öffnung des dritten Auges«:

»Dein zweites Seminar hat mir Glück, Zufriedenheit, Gesundheit, Schönheit sowie einen enormen Erfolg gebracht. Ich bin von meiner schweren Erkrankung vollkommen genesen. Nach einer Karriere als kopfgesteuerte Realistin im Management wurden meine Bedürfnisse auf höchstem Niveau neu geordnet. Die Techniken haben mir ein vollkommen neues Leben gebracht. Die letzte Technik erweckte eine geistige Kraftquelle mit intuitiver Willensstärke in mir. Deine Vorliebe für das Zitieren von Märchen und Symbolen ist eine geschickte Strategie zur Tarnung eines machtvollen Weges, der zu Würde und Präsenz führt. Wenn unsere Manager Deine Techniken anwenden würden, würden viele große Probleme sich rasch in Luft auflösen. Davon bin ich fest überzeugt.«

»Es war aufregend, überwältigend, anstrengend und eine neue Erfahrung.«

4. Das spirituelle Potenzial

Der zehnte Ring der Kraft

Durch den »Ring des Kosmischen Selbst« wird es dem Anwender möglich, eine Vielzahl von Kräften wahrzunehmen:

– die fünf Hauptkräfte, die in Räumen wirksam sind

– die Erzengel Raphael, Gabriel, Michael und Uriel

– kosmische Urkräfte, die auf verschiedene Art heilend wirksam sind

Nachdem der Schüler diese Kräfte kennengelernt hat, wird ihm ein Rätsel aufgegeben, das er lösen soll. Das Rätsel führt ihm die Begrenztheit seines Verstandes vor Augen, denn obwohl es einfach ist, kann er es nicht lösen. In dem Moment nun, da er wirklich aufgibt, es mit dem Verstand lösen zu wollen, wird das Rätsel für ihn gelöst, und zwar durch die Kraft der Ringe in seinem Unterbewusstsein.

Anschließend erlebt er Folgendes: Die sieben Chakren werden zu einem Chakra und die vielen Tausend Puzzleteile des Lebens fügen sich zusammen zu einem Bild. Es wird ihm schlagartig klar, wozu seine vergangenen Erfahrungen dienten. Direkt vor ihm steht die eigene spirituelle Lebensaufgabe, wahrnehmbar als eine Lichtgestalt: Sie ist sein Kosmisches Selbst.

Der elfte Ring der Kraft

Dieser Ring wird auch der »Ring der kosmischen Liebe« genannt. Seine Kraft wirkt transformierend in Situationen, in denen wenig Licht und Liebe wirksam ist. Auch kann man ihn um ein Geschenk bitten, das einem hilft, auf dem spirituellen Weg rasch vorwärtszukommen.

Die Kraft des Ringes selbst teilt dem Schüler mit, ob und wie er ihn sonst noch nutzen darf.

Feedback von einer Teilnehmerin am Seminar
»Entdeckung des spirituellen Potenzials«:

»Das Seminar war unglaublich intensiv und die
Meditationen vermittelten mir eine vollkommen klare
Wahrnehmung. Liebe und Freude konnte ich unermesslich
tanken. Ich habe die volle Manifestationskraft erfahren:
Ankommen, Verwurzeln, Einssein. Oder besser
ausgedrückt: Körper, Seele, Geist wurden eine Einheit und
ich verschmolz mit dem gigantischen Licht. Ich habe auch
jetzt beim Schreiben alles noch klar vor Augen. Mir ist
abwechselnd siedend heiß und dann wieder eiskalt. Ich
werde das alles nie vergessen.«

5. Die sieben Schlüssel der Alchemie

Der zwölfte Ring der Kraft

Die sieben Techniken des »Ringes der Transformation« lösen Prozesse im Menschen aus, wie sie in der Alchemie verschlüsselt beschrieben werden:

1. Konzentration

In der ersten Phase werden hohe spirituelle Energien aktiviert und dem Körper »konzentriert« zugeführt.

2. Manifestation

Die Technik in der zweiten Phase bewirkt die Bewusstwerdung der Manifestationsenergie des Geistes.

3. Attraktion

In der dritten Phase bekommt die Attraktionsenergie der Seele eine Gestalt.

4. Der Hüter des Unterbewusstseins

Die Technik der vierten Phase löst die Begegnung mit dem Hüter des Unterbewusstseins aus. Um an ihm vorbeizukommen, musst du ihn bezwingen. In diesem Moment wirst du verstehen, dass du durch die vorherigen Ringe genau die Kräfte und Fähigkeiten erworben hast, mit denen er gebändigt werden kann. Die Alchemisten nennen diese Phase »Nigredo«.

5. Die weiße Rose

Nach der Überwindung des Hüters werden dem Schüler in der »kleinen Einweihung« die zwölf Kräfte des Unterbewusstseins zur Verfügung gestellt. In der Alchemie heißt diese Phase »Albedo«.

6. Das Portal

Die Öffnung des Portals zur siebten Dimension wird durch die Vereinigung von Geist und Seele bewirkt. Die Alchemisten bezeichnen diesen Vorgang als »die chymische Hochzeit«; die Phase wird »Citrinitas« genannt.

7. Der Stein der Weisen

Mit der Technik der siebten Phase wird der Stein der Weisen gewonnen. Er hat die Kraft, negative Zustände in positive zu verwandeln. Diese Phase wird in der Alchemie »Rubedo« genannt.

6. Die hermetischen Einweihungen

Die Artus-Einweihung

In früheren Kulturen waren Priester für die Durchführung der vier Einweihungen notwendig. Die freigesetzten Kräfte der zwölf Ringe machen es dem Schüler der heutigen Zeit möglich, die Einweihungen selbst durchzuführen.

Die erste Einweihung ist die Artus-Einweihung. In einer ersten Phase werden durch eine besondere Technik die Essenzen aller zwölf Ringe der Kraft in einem einzigen Vorgang aktiviert. Der Stein der Weisen wird hierdurch im Menschen »fixiert«.

In der zweiten Phase geht es darum, die Wirkung des Steins zu erfahren. Mit seiner Kraft lassen sich tief greifende Probleme sowie schwere spirituelle oder karmische Blockaden lösen. Bevor man nun zur nächsten Einweihung übergeht, wendet man den Stein auf Probleme oder Anliegen im eigenen Leben an. Auch ist es in diesem Stadium möglich, als hermetischer Berater zu arbeiten und den Stein der Weisen für die Auflösung von Problemen und Blockaden anderer Menschen zu gebrauchen.

Die Fixierung des Steins der Weisen und die Arbeit mit ihm führen zu einer Schwingungserhöhung des Mentalkörpers. Hierdurch wird das Bewusstsein in den Klartraumkörper transportiert.

Was genau sind Blockaden und wie löst man sie?

Blockaden sind Energieformen in der Gesamtstruktur eines Menschen, die negative Wirkungen in ihm oder in seinem Leben verursachen. Nicht selten liegt die Ursache einer Blockade in einem früheren Leben, in dem der Mensch spirituelle Fähigkeiten oder besondere Kräfte falsch angewandt hat.

Mithilfe des Steins der Weisen ist es möglich, sich vergangene Leben anzuschauen, um die Ursache von einer Blockade, die in diesem Leben wirksam ist, kennenzulernen. Die besondere Formel des Steins macht es außerdem möglich, die Blockade danach vollständig und endgültig aufzulösen. Die ursprünglichen positiven Fähigkeiten aus der Vergangenheit stehen dem Menschen dann wieder zur Verfügung.

Die Yoga-Einweihung

Durch die Anwendung der Formel des Roten Löwen der Alchemie begegnet man den titanischen Kräften des Universums sowie dem Hüter des Überbewusstseins. Das Bewusstsein wird dabei in den Kundalinikörper transportiert. Da diese Begegnungen sowohl auf meditativer Ebene als auch in der Alltagsrealität stattfinden, sind ausreichende Erfahrungen mit dem Stein notwendig, um sie verarbeiten zu können.

Die Shaolin-Einweihung

In der Shaolin-Einweihung kommt die Formel der Roten Tinktur aus der Alchemie zur Anwendung: Sie bewirkt die Befreiung des Selbst. Die Schwingungsebene des Ätherkörpers wird erhöht und das Bewusstsein in den Kristallkörper transportiert. Danach ist es möglich, stark konzentrierte Energie auf Objekte und Ziele zu richten.

Die Pharaonen-Einweihung

In der Pharaonen-Einweihung lernt der Schüler den Baum des Lebens kennen und wird dadurch zum Meister des hermetischen Weges.

Durch die Erhöhung der Schwingungen des physischen Körpers wird das Bewusstsein in den Lichtkörper transportiert.

7. Meister des eigenen Weges

Die Pharaonen-Einweihung markiert das Ende des hermetischen Weges. Siebenunddreißig Strecken sind dann zurückgelegt worden, in denen jeweils eine besondere Technik angewandt wurde:

1. Das Symbol der Weisheit
2. Der Ring des Unbewussten
3. Der Ring des Unterbewusstseins
4. Der Ring des Bewusstseins
5. Der Ring des Selbst
6. Der Ring der Seele
7. Der Ring des Geistes
8. Der Ring des Höheren Selbst

9. Der Ring des Karmas

(10. bis 16.: Der Ring des Lichts)
10. Aura-Reinigung
11. Schutz durch Licht und Lichtwesen
12. Der Lichtbrunnen
13. Grundhaltung von Wesen
14. Der Lichtkern
15. Das Schloss aus Kristall
16. Der höchste Erzengel

(17. bis 21.: Der Ring des Kosmischen Selbst)
17. Die fünf Hauptkräfte in Räumen
18. Die Erzengel Raphael, Gabriel, Michael und Uriel
19. Heilende Urkräfte
20. Vereinigung der Chakren
21. Die spirituelle Lebensaufgabe

(22. und 23.: Der Ring der kosmischen Liebe)
22. Die Energie der kosmischen Liebe
23. Der Kelch der Liebe

(24. bis 30.: Der Ring der Transformation)
24. Hohe spirituelle Energien
25. Manifestationsenergie
26. Attraktionsenergie
27. Der Hüter des Unterbewusstseins
28. Die Kräfte des Unterbewusstseins (die weiße Rose)
29. Das Portal zur siebten Dimension
30. Gewinnung des Steins der Weisen

(31. bis 37.: Die hermetischen Einweihungen)
31. Fixierung des Steins der Weisen
32. Arbeit mit dem Stein der Weisen
33. Die Basiskräfte der Welt (der Rote Löwe)
34. Der Hüter des Überbewusstseins
35. Befreiung des Selbst (die Rote Tinktur)
36. Konzentration von Energie
37. Der Baum des Lebens

Am Ende des hermetischen Weges steht der Schüler schließlich vor einem Tor, das hermetisch verriegelt war, jedoch jetzt offen steht. Die Zeit der Schülerschaft ist vorbei, denn er hat gelernt, das Wesen der Dinge zu erkennen, und er hat die Freiheit erworben, seine Qualitäten und Talente selbst wählen zu können. So braucht es nur noch einen großen Schritt, um durch das Tor zu gehen. Steht er dann auf der anderen Seite des Tors, ist er Meister seines eigenen Weges, denn er kann sein Leben – wie ein Architekt – neu gestalten und seine Fähigkeiten für die Erfüllung der Lebensaufgabe – zum Wohle der Menschheit – einsetzen.

In Illustration 22 ist das »Hermetische Tor« symbolisch dargestellt worden.

Illustration 22

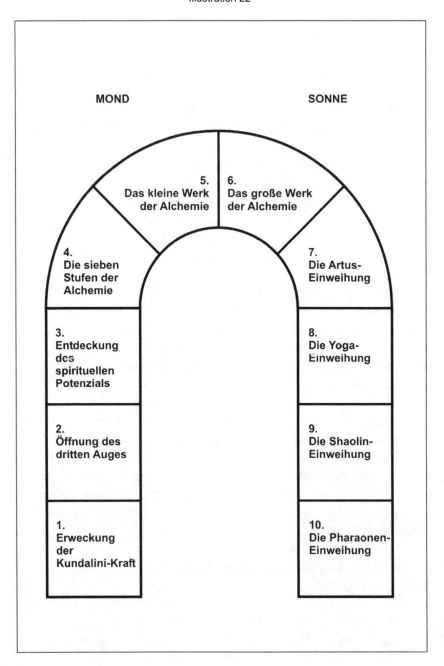

Hermetische Tarot-Meditation

Einleitung

Durch die zwölf Ringe der Kraft zeigt sich der hermetische Weg vor allem als ein Weg der Energie. Ein ganz anderer Zugang zum hermetischen Weg ermöglicht die Hermetische Tarot-Meditation. Durch sie erlebt man den Weg anfänglich als eine Wirkung von Tarotwesen.

Die Arbeit mit Tarotwesen ist unglaublich wirkungsvoll. Das ist einerseits sehr erfreulich, andererseits aber auch eine Gefahr. Denn die schnellen Erfolge, die sich durch die Arbeit mit diesen astralen Wesen einstellen, verführen sehr leicht dazu, stehen zu bleiben und weitere Schritte auf dem hermetischen Weg zu unterlassen. Das Ziel des hermetischen Weges hätte man damit verfehlt. Mein Rat wäre deshalb: Nutze die Arbeit mit den Wesen, um deine Situation, dein Leben zu verbessern, aber vergiss dabei nicht, dich spirituell weiterzuentwickeln und deine Lebensaufgabe zu suchen und zu verwirklichen.

Viele Menschen kennen das Tarot nur als Orakelsystem:

– die Karten sind Informationsträger
– die Positionen sind Gültigkeitsbereiche
– die Muster sind Entwicklungsmodelle oder übergeordnete Lebensbereiche.

In der Hermetischen Tarot-Meditation gilt:

– die Karten sind Symbole, die Beziehungen zu mächtigen astralen Wesen herstellen
– die Positionen sind energetische oder bewusstseinserweiternde Wirkungsmomente
– die Muster sind Transformationsprozesse, wobei positive Fähigkeiten in den Menschen hineintransportiert werden.

Um den anfänglichen Kontakt zu den Tarotwesen herzustellen, werden die Karten des Rider-Waite-Tarots benutzt. Nachdem du die Methode gelernt hast, brauchst du die Karten nicht mehr. Als Heiler oder Berater arbeitest du in einer Sitzung ausschließlich mit den Energien der Tarotwesen.

Es gibt eine traditionelle und eine moderne Form der Arbeit mit Tarotwesen:

Die traditionelle Arbeit mit den Tarotwesen gehört zur Mondseite des Menschen. Hier werden die spirituellen Kräfte überwiegend für Orakelzwecke, Forschung, seelisch-geistige Analyse von Menschen sowie magische Wirkungen benutzt. Die Systeme aus dem Mondbereich sind oft mehrere Tausend Jahre alt und basieren größtenteils auf der Struktur des hebräischen Alphabets mit seinen 22 Buchstaben. Im Mittelpunkt dieser Methoden stehen Wissen und Macht.

Die moderne Arbeit mit den Tarotwesen führt zur Sonnenseite des Menschen. Hier werden spirituelle Techniken angewandt, um Wandlung und Heilung im Leben eines Menschen und im Menschen selbst zu bewirken. Ziele sind Erfahrungen wie Liebe, Gesundheit, Akzeptanz der menschlichen Bedürfnisse und Selbstverwirklichung. Ein Berater in diesem Bereich zeigt dem Klienten den Weg zu sich selbst, zu seinen inneren Heilungsquellen und spirituellen Kräften sowie zu seinem inneren Kind. Das hermetische System aus dem Sonnenbereich ist relativ neu und basiert überwiegend auf der Struktur des lateinischen Alphabets mit seinen 26 Buchstaben.

Im Laufe der Zeit wurde aus dem traditionellen System durch die Anwendung alchemistischer Prozesse ein modernes Pendant – passend zu unserer Kultur und zu unserer Zeit – gewonnen. Im neuen System werden Wert und Einzigartigkeit eines jeden Menschen anerkannt. Ein prägendes Merkmal hermetischer Methoden für unsere Zeit ist das Vorhandensein von Symbolen und Techniken, die die Quintessenz der Dinge sichtbar machen und aktivieren.

In Illustration 23 wird der traditionellen Struktur der Tarotkarten deren moderne hermetische Struktur gegenübergestellt. Es handelt sich ausschließlich um eine innere Neu-Strukturierung des Tarots, die im Wesentlichen durch die Verschiebung der vier Ritter von den kleinen Arkana zu den großen Arkana ausgelöst wurde. Durch diese Anreicherung erhalten die großen Arkana im modernen System die Möglichkeit, zur Sonnenseite des Tarots zu führen. Diese Sonnenseite mit seinen heilenden und wandelnden Wirkungen ist in den neuen kleinen Arkana verborgen.

Bemerkung:

Auch die meisten numerologischen Methoden, die man heute vorfindet, basieren im Wesentlichen noch auf dem hebräischen Alphabet. Die moderne hermetische Numerologie arbeitet mit der kosmischen Struktur des lateinischen Alphabets und berücksichtigt fünf Ebenen. Da auch dieses System zur Sonnenseite gehört, steht die Berechnung von Buchstabenstrukturen und Zahlen mit heilender Wirkung für den jeweiligen Menschen im Mittelpunkt.

Illustration 23

traditionelles Tarotspiel 22 + 56 Karten	modernes Tarotspiel 26 + 52 Karten
die großen Arkana 22 Karten **Erkenntnis,** **Bewusstsein**	**die großen Arkana** 22 Karten + 4 Ritter **26 Karten:** **Wünsche,** **Bedürfnisse**
16 Hofkarten: 4 Ritter 4 Könige 4 Königinnen 4 Buben **Zahlenkarten:** 4 x 10 = 40 **die kleinen Arkana** **56 Karten:** **Vorhersage**	**12 Hofkarten:** 4 Könige 4 Königinnen 4 Buben **Zahlenkarten:** 4 x 10 = 40 **die kleinen Arkana** **52 Karten:** **Heilung,** **Selbstverwirklichung**

Die fünf Elemente im hermetischen Tarot

Die moderne innere Struktur des Tarots beruht auf den fünf Elementen, die miteinander verknüpft werden. Es gibt fünf Ebenen, die jeweils aus fünf Stufen bestehen. Die Ebenen werden Tarotbücher genannt; die Stufen heißen Kapitel.

Durch die Wirkung des Tarotbuchs der Erde kannst du:
– materielle Wünsche erfüllen
– praktische Hilfe erhalten
– berufliche Entwicklung auslösen
– Ziele erreichen

Durch die Wirkung des Tarotbuchs des Wassers kannst du:
– Lebenskraft wiederherstellen
– Schicksalsschläge verarbeiten
– das Leben in eine neue Richtung lenken
– Glück und Erfüllung finden

Durch die Wirkung des Tarotbuchs des Äthers kannst du:
– zwischenmenschliche Probleme lösen
– die Aura reinigen
– eine positive Ausstrahlung erhalten

Durch die Wirkung des Tarotbuchs des Feuers kannst du:
– psychische Fähigkeiten entwickeln
– Blockaden auflösen
– zu Liebe und Leichtigkeit finden
– spirituelle Kraft erwecken

Durch die Wirkung des Tarotbuchs der Luft kannst du:
– Situationen transformieren
– Schwingungen erhöhen
– positive Entwicklungen auslösen

Die fünf Kapitel der jeweiligen Tarotbücher bewirken:

1. Bewusstwerdung von Ursache, Grundlage oder Gesetz
2. Lösung oder Heilung auf geistiger Ebene
3. Aktivierung eines neuen Talents, einer neuen Fähigkeit oder einer neuen Erkenntnis
4. Aktivierung der zugehörigen Energie und Haltung
5. Verwirklichung

In Indien werden die fünf Elemente durch die fünf Tattva-Symbole dargestellt. Sie stehen in Beziehung zu den unteren fünf Chakren. Illustration 24 gibt die Symbole wieder.

Illustration 24

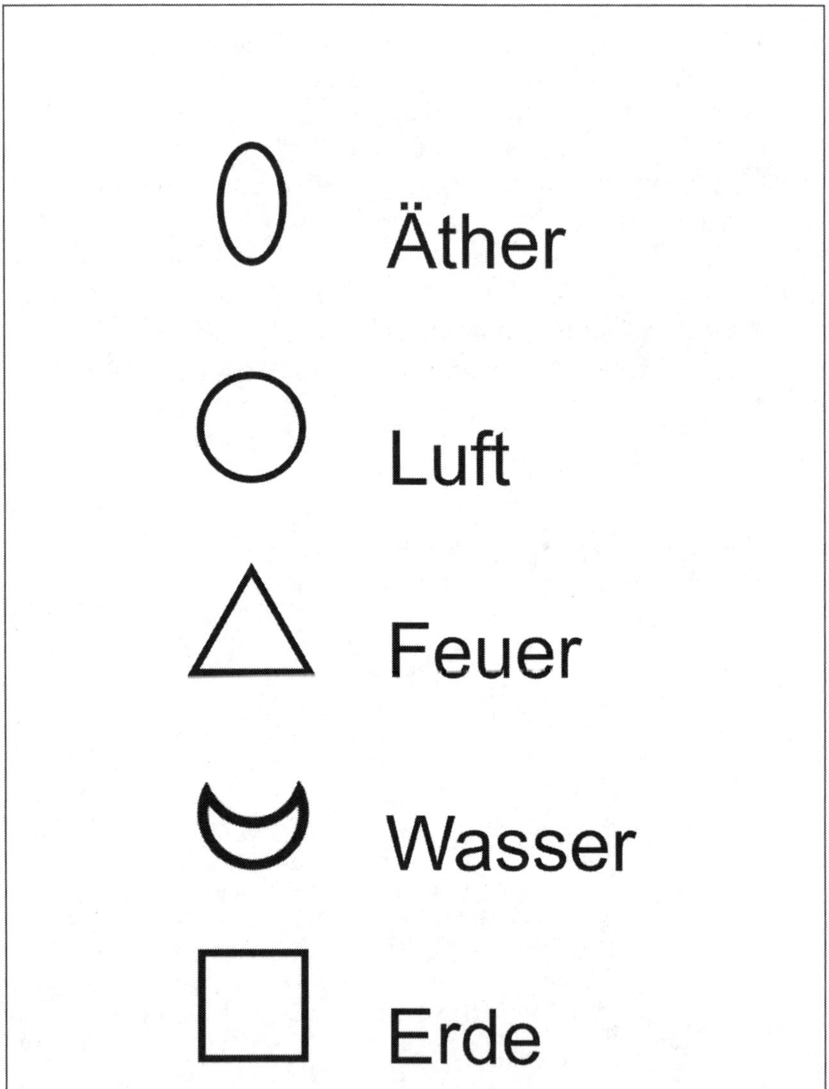

Äther

Luft

Feuer

Wasser

Erde

Die 25 Kapitel im hermetischen Tarot

Im I Ging werden acht obere und acht untere Trigramme zu 64 Hexagrammen kombiniert.

Im modernen Tarot ergibt die Kombination von fünf oberen und fünf unteren Elementen die 25 Tarot-Kapitel.

Die Tarotkarten, deren oberes und unteres Element identisch sind, haben eine sehr starke Energie. In den Illustrationen 25 und 26 findest du sie auf der Diagonale von links oben nach rechts unten. Sie werden »Hüter« genannt:

– Die erste Hüterkarte ist das erste Kapitel im Tarotbuch der Erde: Sie hat zweimal Erde.

– Die zweite Hüterkarte ist das zweite Kapitel im Tarotbuch des Wassers: Sie hat zweimal Wasser.

– Die dritte Hüterkarte ist das dritte Kapitel im Tarotbuch des Äthers: Sie hat zweimal Äther. Wegen ihrer zentralen Position ist sie der »Meister-Hüter«.

– Die vierte Hüterkarte ist das vierte Kapitel im Tarotbuch des Feuers: Sie hat zweimal Feuer.

– Die fünfte Hüterkarte ist das fünfte Kapitel im Tarotbuch der Luft: Sie hat zweimal Luft.

– Die sechsundzwanzigste Karte in den großen Arkana des hermetischen Tarots gehört zum Buch der Wesen. Diese Karte wird hier der »Verbündete« genannt.

Die fünf »Meister« findest du auf der Diagonale von rechts oben nach links unten:

– im fünften Kapitel im Tarotbuch der Erde

– im vierten Kapitel im Tarotbuch des Wassers

– im dritten Kapitel im Tarotbuch des Äthers

– im zweiten Kapitel im Tarotbuch des Feuers

– im ersten Kapitel im Tarotbuch der Luft

Illustration 25

	1. Kapitel Ursache Grund	2. Kapitel Lösung Heilung	3. Kapitel neues Talent	4. Kapitel Energie Haltung	5. Kapitel Verwirk- lichung
Tarotbuch der Erde	□ □	□ ☽	□ ○	□ △	□ ○
Tarotbuch des Wassers	☽ □	☽ ☽	☽ ○	☽ △	☽ ○
Tarotbuch des Äthers	○ □	○ ☽	○ ○	○ △	○ ○
Tarotbuch des Feuers	△ □	△ ☽	△ ○	△ △	△ ○
Tarotbuch der Luft	○ □	○ ☽	○ ○	○ △	○ ○
			direkte geistige Hilfe		

Illustration 26

	1. Kapitel Ursache Grund	2. Kapitel Lösung Heilung	3. Kapitel neues Talent	4. Kapitel Energie Haltung	5. Kapitel Verwirk- lichung
Tarotbuch der Erde	Hüter der Erde				Meister der Erde
Tarotbuch des Wassers		Hüter des Wassers		Meister des Wassers	
Tarotbuch des Äthers			Meister- Hüter des Äthers		
Tarotbuch des Feuers		Meister des Feuers		Hüter des Feuers	
Tarotbuch der Luft	Meister der Luft				Hüter der Luft
			der Verbün- dete		

Das sechste, siebte und achte Tarotbuch

Die Hüterkarten bilden das sechste Tarotbuch. Seine fünf Kapitel sind:

– der Hüter der Erde
– der Hüter des Wassers
– der Meister-Hüter des Äthers
– der Hüter des Feuers
– der Hüter der Luft

Seine Themen sind unter anderem: Essenz, Lösungen, verborgenes Wissen.

Die Meisterkarten bilden das siebte Tarotbuch. Seine fünf Kapitel sind:

– der Meister der Erde
– der Meister des Wassers
– der Meister-Hüter des Äthers
– der Meister des Feuers
– der Meister der Luft

Seine Wirkungen liegen in Bereichen wie Ordnung, verborgene Helfer, Bündelung von Kräften.

Das achte Tarotbuch ist das Buch der Wesen. Seine sechs Kapitel sind:

– das dritte Kapitel im Buch der Erde
– das dritte Kapitel im Buch des Wassers
– der Meister-Hüter des Äthers
– das dritte Kapitel im Buch des Feuers
– das dritte Kapitel im Buch der Luft
– der Verbündete

Seine Wirkungen liegen in Bereichen wie Heilung, Wandlung, spirituelle Erfahrungen, Elementarwesen wahrnehmen, direkte geistige Hilfe bekommen.

Das Tarotbuch der Erde

Die fünf Kapitel des Tarotbuchs der Erde sind:

- Der Hierophant
- Gericht
- Ritter der Münzen
- Ritter der Stäbe
- Der Magier

Der Hierophant ist also der Hüter der Erde, und der Magier ist der Meister der Erde.

Um mit dem Tarotbuch der Erde arbeiten zu können, ist es notwendig, zuerst mit den fünf zugehörigen Tarotwesen einen Kontakt herzustellen. In meinem Seminar »Hermetische Tarot-Meditation« werden zu diesem Zweck Techniken angewandt, die eine Begegnung mit den Tarotwesen auf astraler Ebene bewirken; danach ist eine direkte Zusammenarbeit möglich. Diese Techniken eignen sich nicht für eine Veröffentlichung in diesem Buch.

Es gibt aber auch eine indirekte Methode, um die Tarotwesen kennenzulernen; sie besteht aus fünf Schritten:

1) Perzeption
2) Imagination
3) Selektion
4) Assoziation
5) Definition

Nachfolgend beschreibe ich die einzelnen Schritte anhand der Karte »Der Hierophant« aus dem Rider-Waite-Tarot. Wende die gleiche Methode dann auf die Karten »Gericht«, »Ritter der Münzen«, »Ritter der Stäbe« und »Der Magier« an.

1) Perzeption (Wahrnehmung)

Nimm die Karte »Der Hierophant« und lege sie vor dir auf den Tisch. Betrachte die Karte eine Minute lang aufmerksam.

2) Imagination

Dann schließe die Augen und versuche, dich an Details zu erinnern. Wenn dir nun bestimmte Einzelheiten nicht mehr einfallen, dann denke sie dir einfach aus. Wenn du beim innerlichen Betrachten zum Beispiel nicht mehr weißt, wie viele Querstäbe der Stab in der linken Hand des Hierophanten hat, dann nimm eine völlig willkürliche Zahl – sagen wir mal die Zahl vier – und stelle dir auf deinem inneren Bild der Karte den Stab mit vier Querstäben vor. Weißt du nicht mehr, welche Farbe sein Gewand hat, dann entscheide dich für irgendeine Farbe – wie etwa Dunkelblau – und sieh den Hierophanten auf dem vorgestellten Bild in einem dunkelblauen Mantel. Fahre auf gleiche Weise mit anderen fehlenden Details fort.

Schau dir danach die reale Karte wieder an und stelle fest, was du richtig in Erinnerung hattest, was teilweise richtig war und was du völlig vergessen hast. Korrigiere auf diese Weise sozusagen dein »erinnertes Bild«. Suche dann nach weiteren Details. Danach schließe die Augen wieder und ergänze das innerlich geschaute Bild mit frei erfundenen Einzelheiten – genau wie vorhin.

Wiederhole die Schritte eins und zwei noch einmal.

3) Selektion

Beantworte jetzt folgende vier Fragen (eine Antwort pro Frage genügt):

– Was ist ungewöhnlich? Was ist auffällig?

– Was ist störend? Was passt nicht gut zusammen?

– Was passt gut zusammen?

– Was hast du erst später wahrgenommen? Was ist dir erst später aufgefallen?

Denk nicht lange nach, sondern schreibe das, was dir als Erstes einfällt, auf.

Die Antworten könnten beispielsweise so aussehen:

Was ist ungewöhnlich? Was ist auffällig?
>> Die gekreuzten Schlüssel.

Was ist störend? Was passt eigentlich nicht?
>> Die blaue Halsbedeckung.

Was passt gut zusammen?
>> Rosen und Lilien.

Was hast du erst später wahrgenommen? Was ist dir erst später aufgefallen?
>> Auf dem Boden sind vier Kreise mit Kreuzen darin sichtbar.

4) Assoziation

In Illustration 27 siehst du zehn Kreise mit Zahlen in einer Pyramidenform. Male sie skizzenhaft auf einem Blatt Papier nach.

Illustration 27

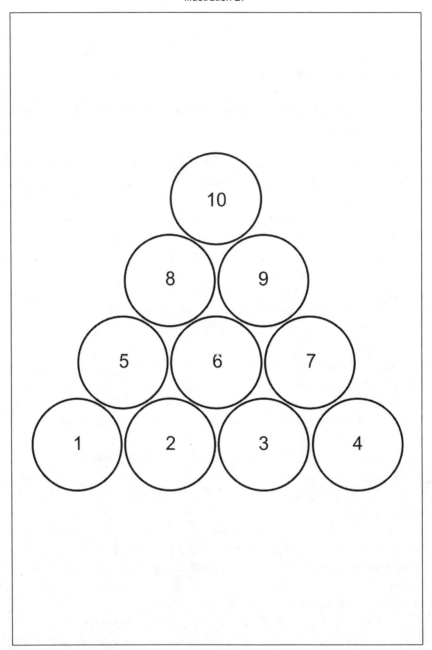

Dann schreibe die gefundenen Antworten zu den vier Fragen stichwortartig in die vier unteren Kreise. In meinem Beispiel wären das:

– gekreuzte Schlüssel
– blaue Halsbedeckung
– Rosen und Lilien
– vier Kreise mit Kreuzen

Jetzt verknüpfe deine beiden ersten Antworten. Was fällt dir ein, wenn du »gekreuzte Schlüssel« mit der Information »blaue Halsbedeckung« kombinierst, sie miteinander verbindest?

In meinem Beispiel führten die Aussagen »gekreuzte Schlüssel« und »blaue Halsbedeckung« zu der Aussage »geheime Information«.

Verknüpfe danach deine zweite Antwort mit der dritten und zum Schluss die dritte Antwort mit der vierten.

Die Ergebnisse der drei vollzogenen Verknüpfungen werden in die drei Kreise auf der zweiten Ebene geschrieben.

Im Beispiel ergab »blaue Halsbedeckung« verknüpft mit »Rosen und Lilien« die Information »zwei Seiten einer Sache«.

»Rosen und Lilien« verknüpft mit der Information »vier Kreise mit Kreuzen« ergab »Kopf oder Zahl«.

Verknüpfe jetzt die Antworten der zweiten Ebene, und zwar Antwort eins mit Antwort zwei und Antwort zwei mit Antwort drei. Schreibe die Ergebnisse in die beiden Kreise der dritten Ebene.

»Geheime Information« und »zwei Seiten einer Sache« ergaben im Beispiel die Aussage »verborgene Seite«.

»Zwei Seiten einer Sache« und »Kopf oder Zahl« ergaben: »Geist – Stoff«.

Verknüpfe zum Schluss die beiden gefundenen Antworten miteinander und schreibe das Ergebnis in den Kreis der vierten Ebene.

»Verborgene Seite« kombiniert mit »Geist – Stoff« ergab im Beispiel die Aussage »Enthüllung der verborgenen geistigen Seite einer Sache«.

Illustration 28 zeigt die Ergebnisse in der Pyramide.

Durch diesen Vorgang haben wir auf einfache Art die Wirkung des Tarotwesens herausgefunden, nämlich: »Enthüllung der verborgenen geistigen Seite einer Sache«. Der Hierophant ist also das Tarotwesen, das uns von einer Sache oder einer Situation die verborgene geistige Seite enthüllt.

Auch wenn du völlig andere Antworten zu den ursprünglichen vier Fragen gefunden hast, bist du mit hoher Wahrscheinlichkeit zu einem ähnlichen Ergebnis gekommen. Das liegt daran, dass dieser »Pyramide der Assoziation« ein Prozess zugrunde liegt, der es dem Geist in dir ermöglicht, mit dir zu kommunizieren. Du beginnst mit vier eigenen Antworten und endest mit einer Information, die nicht dir entstammt, sondern deinem Geist.

Probiere es einmal aus!

Illustration 28

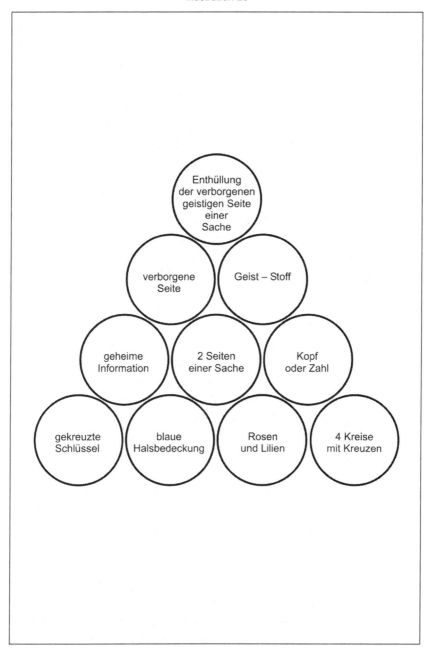

5) Definition

Der fünfte Schritt stellt den Kontakt zum Tarotwesen her:

Schau dir deine »Pyramide der Assoziation« an. Verbinde nun in Gedanken die Information im mittleren Kreis nacheinander mit den neun Informationen aus den umliegenden Kreisen. Anders gesagt: Versuche, jede der neun Informationen als einen Aspekt der zentralen Information zu sehen und zu verstehen.
In meinem Beispiel würde man sich also über folgende Kombinationen Gedanken machen:

– »zwei Seiten einer Sache« und »verborgene Seite«

– »zwei Seiten einer Sache« und »geheime Information«

– »zwei Seiten einer Sache« und »gekreuzte Schlüssel«

– »zwei Seiten einer Sache« und »blaue Halsbedeckung«

– »zwei Seiten einer Sache« und »Rosen und Lilien«

– »zwei Seiten einer Sache« und »vier Kreise mit Kreuzen«

– »zwei Seiten einer Sache« und »Kopf oder Zahl«

– »zwei Seiten einer Sache« und »Geist – Stoff«

– »zwei Seiten einer Sache« und »Enthüllung der verborgenen geistigen Seite einer Sache«

Dann entspanne dich, denke kurz an die Information »zwei Seiten einer Sache« und warte dann auf eine Antwort aus deinem Innern. Du wirst ein Symbol (oder einen Namen) wahrnehmen. Dieses Symbol wirkt wie eine Art Anker und stellt den Kontakt zum Hierophanten her. Halte dein Symbol – deinen Anker – geheim. Wenn du ab jetzt mit dem Wesen des Hierophanten zusammenarbeiten willst, brauchst du dich innerlich nur auf deinen Anker zu ihm zu konzentrieren.

Ermittle auf gleiche Weise deine Anker für die anderen Karten des Tarotbuchs der Erde.

Wenn du nun anfängst, mit dem Tarotbuch der Erde zu arbeiten, sei es als Berater, als Heiler oder für deine eigene Entwicklung, brauchst du nur deine Anker (deine inneren Symbole), um den Kontakt zu den fünf Tarotwesen herzustellen: Tarotkarten sind dann überflüssig.

Mit einem Tarotbuch hast du ein hochwirksames Instrument für deine Beratungs- und/oder Heilungstätigkeit. Wende es aber zuerst für die eigene spirituelle Entwicklung an. Du wirst dabei Erfahrungen machen, die für deine Arbeit sehr hilfreich sein werden.

Arbeit mit dem Tarotbuch der Erde

Wie schon beschrieben, wird das Tarotbuch der Erde unter anderem angewandt, um Lösungen oder Hilfe in folgenden Bereichen zu erhalten:

– materielle Wünsche
– berufliche Entwicklung
– Ziele

Die Arbeit mit dem Buch geht so:

1) Wähle ein Problem, eine Aufgabe oder ein Ziel aus einem dieser Bereiche.

2) Formuliere eine diesbezügliche Frage in einem klaren Satz, wie zum Beispiel:

– Wie finde ich meinen Traumjob?
– Warum komme ich beruflich nicht weiter?
– Womit kann ich zusätzlich Geld verdienen?

3) Sprich diese Frage innerlich aus und betone dabei das erste Wort. Wiederhole die Frage und betone dabei das zweite Wort. Sag danach noch einmal die Frage und betone dabei das dritte Wort. Fahre so fort, bis du die Frage mit Betonung auf dem letzten Wort ausgesprochen hast. Wiederhole den Vorgang, indem du die Frage wieder innerlich sprichst mit der Betonung auf dem ersten Wort, danach mit Betonung auf dem zweiten Wort usw. Nach etwa zwei Minuten gehst du zum nächsten Schritt über.

4) Führe den »ersten Ring der Kraft« – wie er vorne im Buch beschrieben wird – aus, um einen meditativen Zustand herbeizuführen.

5) Halte deine Augen weiterhin geschlossen. Denke an deinen Anker zum Hierophanten. Stelle innerlich deine Frage und bitte den Hierophanten um Wirkung.

Als Antwort wirst du innerlich eine Wirkung erfahren, in der dir die verborgene geistige Seite der Sache enthüllt wird.

6) Denke an deinen Anker zum Tarotwesen »Gericht«, stelle die Frage und bitte das »Gericht« um Wirkung.

Als Antwort wird etwas gelöst oder befreit.

7) Denke an deinen Anker zum »Ritter der Münzen«, stelle deine Frage und bitte ihn um Wirkung.

Als Antwort wird dir etwas geschenkt.

8) Verfahre ebenso mit dem »Ritter der Stäbe«.

Er bewirkt die richtige Haltung oder liefert die erforderliche Energie.

9) Abschließend ist »Der Magier« an der Reihe.

Er hat mit der Verwirklichung zu tun.

10) Beende die Hermetische Tarot-Meditation, indem du dem Buch der Erde für seine Hilfe dankst und zur Alltagsrealität zurückkehrst.

Die kleinen Arkana

Die kleinen Arkana werden in esoterischen Kreisen hauptsächlich für Orakelzwecke benutzt. Ihre Bedeutung für die spirituelle Entwicklung ist weitgehend unbekannt; dafür kommen meistens nur die großen Arkana infrage.

Im hermetischen System ist es aber so, dass das größte Geheimnis des Tarots im kleinen Arkana verborgen ist.

Erst nachdem man mit den acht genannten Tarotbüchern der großen Arkana ausreichend gearbeitet und ihre Wirkungen erfahren hat, hat man die richtige Grundlage, um mit den Tarotbüchern der kleinen Arkana arbeiten zu können. Ihre Wirkungen sind völlig anders als die Wirkungen der Bücher der großen Arkana:

Die Bücher der kleinen Arkana lösen Wandlungen aus, die keine unterstützenden Aktionen in der ersten Realität benötigen.

Nachwort

Wenn du mit den Techniken dieses Buches arbeitest, dann bedenke, dass sie Teile eines spirituellen Weges sind. Wende dich immer wieder an die höchsten Kräfte, an die du glaubst: Gott, Christus, Buddha, bedingungslose Liebe oder andere erhabene Existenzen. Es wird dir helfen, auf dem Weg deines Herzens zu bleiben.

Übertreibe nicht und bleibe vernünftig: Sind die Wirkungen einer Übung zu stark, dann führe sie weniger oft oder nicht so lange aus.

Gib nicht zu schnell auf, wenn eine Übung nicht sofort Wirkung zeigt. Es gibt Menschen, die eine etwas längere Vorbereitungsphase brauchen. Wenn es dann aber losgeht, sind die Wirkungen oft umso intensiver.

Ich wünsche allen Licht und Liebe.

Empfohlene Bücher

An dieser Stelle danke ich den vielen Autoren, deren Ideen und Darlegungen ich kennenlernen durfte. Die folgenden Werke haben mich besonders inspiriert:

1) Max Lüscher: Der 4-Farben-Mensch.

2) Frederick S. Perls und andere: Gestalttherapie.

3) Miyamoto Musashi: Das Buch der fünf Ringe.

4) Michael Tschechow: Werkgeheimnisse der Schauspielkunst.

5) Walter Odermatt: Das neue Weltbild, Teil I und II.

6) Karl Weinfurter: Der brennende Busch.

7) Carlos Castaneda: Der Ring der Kraft. Don Juan in den Städten.

8) Max Heindel: Die Weltanschauung der Rosenkreuzer.

9) Dr. John Diamond: Die heilende Kraft der Emotionen.

Die Techniken des silbernen Falken

Vom selben Autor ist erschienen:

Die Techniken des silbernen Falken.
Erfolg – Imagination – Problemlösung – Freiheit
Ratgeber von Peter van Veen
Preis: 12,80 €
ISBN: 978-3-00-023761-4

Feedback von Lesern:

»Ich beschäftige mich seit etwa 15 Jahren mit der Thematik ›Da muss doch mehr sein‹ und habe sehr viel Literatur ›verschlungen‹ (Philosophie, Geschichte, Religionen, Esoterik). Ihren Ansatz, die Inhalte auf das Pragmatische, direkt Anwendbare zu komprimieren, finde ich richtig gut und es hat mir sehr geholfen, meine Sicht der Dinge zu fokussieren.«

»Kurzum: Mir passieren total tolle Dinge, die mich weiterbringen, mir berufliche Perspektiven geben, die ich mir so gut, wie sie eintreffen, nicht hätte träumen können.«

»Das Buch ist gestern angekommen. Ich bin begeistert, regelrecht elektrisiert ...«

»Nachdem ich ›Dein Weg zur Problemlösung‹ gelesen habe, bin ich völlig überwältigt. Ich habe insbesondere die Technik der dritten Pyramide, welche mir die Lösung meiner derzeitigen beruflichen und privaten Situation sofort offenbarte, angewandt. Geballtes Wissen – kurz und bündig – für jedermann verständlich und mit sehr hohem Nutzen!«

»Als ich Ihr Buch las, wurde ich in so vielen intuitiven Antworten meines Innersten bestätigt, dass ich wieder neue Kraft habe, alle Herausforderungen des Lebens zu meistern.«

»Mit Begeisterung habe ich Ihr Buch gelesen. Nach 20 Jahren Suchen und Lesen das Beste, was ich bisher in die Hände bekommen habe.«

Seminare

In Deutschland, Österreich und in der Schweiz ist es möglich, an Seminaren teilzunehmen. Zurzeit gibt es vom Autor dieses Buches folgende Seminare:

1) »Erweckung der Kundalini-Kraft«

2) »Öffnung des dritten Auges«

3) »Entdeckung des spirituellen Potenzials«

4) »Die sieben Schlüssel der Alchemie«

5) »Die hermetischen Einweihungen«

A) Hermetische Tarot-Meditation, Teil 1

B) Hermetische Tarot-Meditation, Teil 2

C) Hermetische Arbeit mit den kleinen Arkana

Termine und Informationen findest du im Internet auf:

www.der-hermetische-weg.de

Notizen

Notizen

Notizen

Notizen